D1665876

LebensStrategie

LebensStrategie

**Vom Zeitmanagement zur Strategie,
das richtige Leben richtig zu leben.**

20 Stunden neue Zeit pro Woche, oder:
die „Kunst", Zeit zu haben für das Wichtige im Leben

von Cay von Fournier

SCHMIDT VERLAG
Postfach 1165 . D-96338 Stockheim
Tel. 09265/99 20 – Fax 09265/99 22 66
E-Mail: info@schmidtcolleg.de
Internet: www.schmidtcolleg.de

Dieses Buch ist in Liebe meiner Mutter
Marlis von Fournier
* 3. Januar 1946, † 25. Juni 2000
gewidmet.

ISBN 3-926 258-26-8
2. Auflage 2003, Schmidt Verlag, Stockheim
© 2001, Schmidt Verlag
Postfach 11 65, D-96338 Stockheim

Alle Rechte, auch die des auszugsweisen Nachdrucks, der foto-
mechanischen Wiedergabe (einschließlich Mikroskopie) sowie der
Auswertung durch Datenbanken oder ähnlichen Einrichtungen
vorbehalten.

INHALTSVERZEICHNIS

Übungen

8

Vergessen Sie das Zeitmanagement

Unser Leben funktioniert heute schneller denn je, wobei „funktionieren" den Ablauf von unterschiedlichen Tätigkeiten unseres Alltags meint. Wir reisen schneller, kommunizieren mit der Welt mobil per Handy, SMS oder eMail innerhalb von Sekunden, kaufen in wenigen Minuten übers Internet ein und bekommen die Ware oft noch am selben, spätestens am nächsten Tag geliefert. Produktionen funktionieren „just in time", Autos werden in Waschstraßen gereinigt und die Insassen ernähren sich mit „Fast Food" vom „Drive thru". Unsere Sprache beschleunigt sich und auf manchen Autos ist stolz „2fast4U" vermerkt. Die Welt ist zum Dorf geworden und Wörter zu Zahlen. Die digitale Revolution der Abkürzungen und Techniken durchzieht unsere Unternehmen. Ob „b2b", „b2C", „ERP" oder „CRM", Unternehmen sind dem Wandel unterworfen. Es gibt neue Spielregeln, nach denen nicht mehr die Großen gegen die Kleinen, sondern die Schnellen gegen die Langsamen gewinnen.

In dem Seminar UnternehmerEnergie des Schmidt Collegs ist dieses Phänomen der Einstieg in die Notwendigkeit der Veränderung. Veränderung heißt nicht automatisch Verbesserung, aber Verbesserung heißt automatisch Veränderung. Unternehmen müssen sich permanent wandeln, um ihre Marktführung zu erhalten oder diese erreichen zu können. Bei diesem Rennen geht es anscheinend immer um Geschwindigkeit. Gerade in der Internet-Welt geht es bei den Unternehmen um immer schnellere Geschäfts- und Entwicklungsabläufe. Es wird dabei schon von „eSpeed", der „elektronischen Geschwindigkeit" gesprochen. Wie viele solcher Hochgeschwindigkeitsfirmen haben die derzeitige Börsenflaute überlebt? Nicht sehr viele. Zu hohe Geschwindigkeit entspricht eben oft nicht den Regeln der Realität.

Wer aber an dieser Stelle eine Wertung erwartet, ob dies gut oder schlecht ist, der wird leider enttäuscht. Es geht bei UnternehmerEnergie nicht darum, in das monotone Klagen einzustimmen, dass viele Veränderungen schlecht sind. Auch geht es nicht darum, alles Neue und Schnelle automatisch gutzuheißen. Es geht einzig und allein darum Menschen Gedanken, Ideen und praktische Leitlinien an die Hand zu geben, wie sie sich in immer schnelleren Zeiten orientieren können, sowohl privat, als auch beruflich. Es geht darum, die „Eigenzeit" und die richtige Geschwindigkeit wiederzuentdecken, um auch die Freude am Leben genießen zu können. Dies geht nur in der Gegenwart, nur im Augenblick. Der Augenblick zählt! Nur jetzt lebe ich und nur jetzt kann ich mich am Leben freuen.

Bei mittelständischen Firmen besteht ein enger Zusammenhang zwischen privatem und beruflichem Erfolg. Was nutzt Ihnen ein eigenes Unternehmen, in dem Sie ausgebrannt und frustriert sind. Was nutzt eine Führungskraft, die permanent überlastet ist und Fehler macht, letztlich den Fehler, keine Freude mehr an der Arbeit zu haben. Freude am Leben ist, die Kunst zu leben und „Zeit zu haben".

Der Umgang mit der eigenen Zeit spielt die entscheidende Rolle. Denn trotz aller Beschleunigung haben es nur Wenige geschafft, wirklich „Zeit zu haben". Das Gegenteil scheint der Fall zu sein: „Burnout", „Stress" und „operative Hektik" gehören zur Tagesordnung. Immer mehr Menschen leiden unter einer Überlastungsdepression. Je schneller die Welt funktioniert, desto weniger Zeit scheinen wir zu haben. Dieses Paradoxon einer beschleunigten Welt ist längst zum Alltag geworden. Manchmal, wenn es uns gelingt, im Urlaub mal zwei Wochen am Stück auszuspannen, bekommen wir ein Gefühl dafür, wie schön es wäre, wirklich „Zeit zu haben". Wieviel reicher wäre unser Leben, wenn wir ausreichend Zeit für das Wesentliche hätten?

Wenn Sie derzeit unter permanentem „Zeitmangel" leiden, dann ist dieses Buch für Sie richtig. Erwarten Sie aber kein Buch über Zeitmanagement, denn Zeitmanagement hat noch niemandem wirklich mehr Zeit gebracht. Meistens bringt Zeitmanagement noch mehr Druck und Hektik, da es plötzlich gelingt, noch mehr in einen Tag zu quetschen.

Vergessen Sie das Zeitmanagement!

Unzählige Bücher sind zu dem Thema „Zeitmanagement" geschrieben worden, und die Wurzeln reichen zurück in eine Zeit, in der es wirklich darum ging, die eigene Zeit lediglich sinnvoller und effizienter zu verwenden. Viele Wahrheiten von damals gelten heute genauso, allerdings dürfen diese nicht aus dem eigentlichen Kontext gerissen werden.

In den letzten Jahren wurde von Stephen Covey eine „neue Generation" Zeitmanagement ausgelöst. Die Welle nannte er „Lifeleadership", „Lebensführung". Er propagierte die These, dass Menschen von dem Management der Zeit (Effizienz) zur Führung ihres Lebens (Effektivität) gelangen müssen, da es viel wichtiger sei, das Richtige zu tun (effektiv zu sein), als Tätigkeiten richtig zu erledigen (effizient zu sein). Hierdurch wurde die Bedeutung von Zielen und die Konzentration auf diese Ziele in den Vordergrund gestellt.

Auch das Schmidt Colleg legte in seiner gesamten Philosophie von Anfang an sehr großen Wert auf die Findung und Beschreibung von lang-, mittel- und kurzfristigen Zielen. Jedoch stößt auch das Lifeleadership an seine Grenzen, nämlich wenn Menschen zwischen ihren Zielen und ihrem Alltag hin- und hergeworfen werden. Die Diskrepanz zwischen dem, was wir wollen und dem, was wir tun, ist oft riesengroß. Wir drehen das Rad immer schneller und meinen, so zum Ziel zu kommen. Bereits im ZEN wird formuliert, dass aber der Weg das Ziel ist. Viele verwendete Zeitmanagement-Werkzeuge haben ihren Benutzern nicht richtig weitergeholfen. Der Durchbruch blieb aus. Das Paradigma der Dringlichkeit blieb bestehen.

Bereits vor 2000 Jahren wurde dieses Problem mit den Worten eines geschäftigen, römischen Senators beschrieben:

„Auf alles versteht sich ein in Beschlag genommener
Mensch besser, als auf die Kunst zu leben:
Es gibt keine Kunst, die schwerer zu erlernen wäre.“

LUCIUS A. SENECA

Unser Leben richtig zu leben, „Zeit zu haben“, in Balance zu leben und das im Leben zu erreichen, was wir wirklich erreichen wollen, ist eine Kunst. Eine Kunst, die wir erlernen müssen. Kunst ist mehr als das Werkzeug. Der Ansatz, mit der eigenen Zeit umzugehen, muss alle Bereiche unseres Lebens umfassen und kann sich nicht auf einzelne Techniken beschränken. Dies ist besonders wichtig, da sich heute eine ganz neue Generation an Werkzeugen zur Zeitplanung ankündigt. Die elektronischen Organizer werden uns noch effizienter machen. Die Gefahr wird noch größer, dass wir unsere Zeit dabei verlieren. Aus diesem Grund erscheint dieses Buch parallel mit meinem Buch „eTiming“, das in die Welt der elektronischen Zeitplanung einführt, jedoch auf der Philosophie von „LebensStrategie“ aufbaut.

Nach Zeitmanagement und Lebensführung (Lifeleadership) folgt jetzt die Philosophie der Lebenskunst oder etwas rationaler formuliert: Die Lebensstrategie.

Vergessen Sie also das Zeitmanagement, denn wir brauchen kein Management unserer Zeit, sondern eine Strategie für unser Leben!

Was würden Sie mit Ihrem Leben tun, wenn Sie Zeit hätten?

Wenn Sie sich diese Frage einmal sehr intensiv durch den Kopf gehen lassen, darüber mehrere Tage nachdenken und sie wirklich in Ruhe beantworten, werden Sie feststellen, dass diese Frage zum einen nicht leicht zu beantworten ist, zum anderen Sie zu einer umfangreicheren Antwort veranlasst. Diese Frage ist der Einstieg in die eigene „LebensStrategie“. Dabei definieren Sie Ziele, die folgendermaßen aussehen können:

12

Sie stehen wieder jeden Morgen voll Freude auf und gehen begeistert an die Arbeit. An einem sonnigen Tag haben Sie Zeit, durch einen Park zu schlendern, und fühlen dass Ihr Leben in Balance ist. Sie können einem Schmetterling nachblicken und an Blumen riechen. Sie haben wieder viel Zeit für Ihre Familie und vergessen die Zeit mit Ihren Kindern spielend. Sie sind ausgeglichen und glücklich, körperlich fit und haben das Gewicht, das Sie sich wünschen, weil Sie genügend Zeit haben, sich um Sie selbst und Ihre Gesundheit zu kümmern Sie können seit langem wieder einem alten Hobby nachgehen und sich dabei so richtig freuen und entspannen. Sie treffen Ihre Freunde und vergessen einfach die Zeit bei guten Gesprächen. Sie werden mit all Ihrer Arbeit rechtzeitig fertig und müssen nichts mit ins Wochenende oder in den Feierabend mitnehmen. Die Ordnung auf Ihrem Schreibtisch beflügelt Sie. Sie haben wieder Zeit zu lesen, zum Künstler zu werden und Musik zu genießen. Sie leben im Augeblick und gehen jeden Abend mit der selben Freude schlafen, mit der sie morgens aufgewacht sind.

DANN HABEN SIE ES GESCHAFFT!

Wäre das etwas, das Sie mit Ihrem Leben machen würden? Oder gibt es noch etwas, das vergessen wurde? (Schreiben Sie es auf!)

So wie es für unsere Arbeit, unser Unternehmen oder unsere Führungsaufgabe ganz entscheidend ist, die richtige Strategie zu haben, so gilt dies auch für unser Leben. In unserer gesamten Entwicklungsgeschichte hat sich der Mensch durch verschiedene Strategien weiterentwickelt.

Eine davon ist nach Darwin die „Strategie der Anpassung", Evolution nennen es die Biologen. Ob wir es wahrhaben wollen oder nicht, die Evolution hört in unserer Gegenwart nicht auf, nur weil wir sie verstehen und uns darüber Gedanken machen können. Der immer schnellere Wandel bedingt eine immer schnellere Evolution und somit ist eine immer bessere Strategie gefragt.

Diese Gedanken und der eigene Wunsch „Zeit zu haben" brachten mich auf das Konzept der „LebensStrategie", einem Konzept, das auf Synergie und auf der Tatsache basiert, dass wir uns permanent weiterentwickeln müssen.

Zeitmanagement versagt an dem Punkt, an dem wir aufgehört haben, uns weiterzuentwickeln. Zeitmanagement wird schwierig, wenn wir versuchen, festzuhalten und immer mehr in immer kürzerer Zeit erreichen wollen. Zeitmanagement führt nicht zum Erfolg, wenn wir Spielregeln des Lebens missachten. Zeitmanagement schenkt uns kein besseres Leben und keine uns erfüllenden Ziele, wenn wir permanent gegen unsere Werte verstoßen. Zeitmanagement hilft uns nicht, wenn wir mit negativer Einstellung nach alten Paradigmen leben.

Zeitmanagement in allen bisherigen Formen wurde als Werkzeug überschätzt. In ihren Analysen leben die Anwender zu sehr in der Vergangenheit und bei den Zielen zu sehr in der Zukunft. Nur selten leben effiziente Menschen in der Gegenwart.

Jede sinnvolle Strategie des Lebens muss aber darauf abzielen, in der Gegenwart zu leben, denn nur in der Gegenwart leben wir wirklich und können durch unser Denken und Handeln gestalten. Eine sinnvolle Strategie hilft dabei, mehr Balance im Leben zu halten, eine Balance zwischen privatem und beruflichem Leben.

In meinen Seminaren sehe ich hier die größten Defizite und nach manchen Vorträgen hörte ich resignierte Aussagen, dass es eben nicht gehe, alle Bereiche des Lebens in Einklang zu bringen. Aus diesem Grund resignieren viele und lehnen das Thema Zeitmanagement ab, weil es nicht funktioniert. Vergessen Sie das Zeitmanagement! Resignation ist nicht die Lösung. Nehmen Sie es als sportliche Herausforderung, die größte Kunst im Leben zu erlernen, wie es Seneca formuliert hat.

„LebensStrategie" will Ihnen ganz praktisch diese Kunst, „Zeit zu haben", nahebringen. Es geht darum, eine geeignete Strategie zu finden. Es kann nicht sein, dass Menschen immer schneller durch Zielvorgaben getrieben, an ihrem Leben vorbei hetzen.

„LebensStrategie" ist die Strategie des Augenblicks, der Synergie und der aktiven Lebensführung. Mit „LebensStrategie" gewinnen Sie die Lebensfreude zurück, indem Sie wieder in Balance leben.

„LebensStrategie" ist ein Konzept, das aus vier Teilen, gleichsam vier großen Schritten, besteht, die wiederum in zwei kleinere Schritte unterteilt sind. Somit umfasst das Konzept von „Lebens-Strategie" acht Kapitel. Jedes Kapitel ist ein wichtiger Baustein Ihrer eigenen Lebensstrategie und kann für sich allein angewendet werden. Jeder Baustein wird Ihnen Nutzen bieten. Im Zusammenspiel der acht Bausteine liegt jedoch das wahre Potenzial dieser Strategie. Oft beruhen unsere Probleme darauf, dass wir einen einzelnen Bereich vernachlässigen. Dies gilt sowohl für unsere Lebensbereiche, um die es bei dem Thema Balance noch gehen wird, als auch für unsere Lebensstrategie allgemein.

Seit Jahren erlebe ich in den Seminaren, wie Menschen zwar Ihre Ziele definieren und formulieren, jedoch ihre eigenen Werte außer Acht lassen. Sie wundern sich dann, dass es schwer ist, die selbst gesteckten Ziele auch zu erreichen. Effektivität und Effizienz waren die Themen, die bisher im Vordergrund des Zeitmanagements standen. Wir können aber nicht effektiv sein, wenn wir nicht unsere eigenen Stärken und Schwächen kennen oder wenn wir jeden Tag aufs Neue die grundlegenden Spielregeln des Lebens missachten.

Im Folgenden wird die Struktur von „LebensStrategie" in der Übersicht dargestellt:

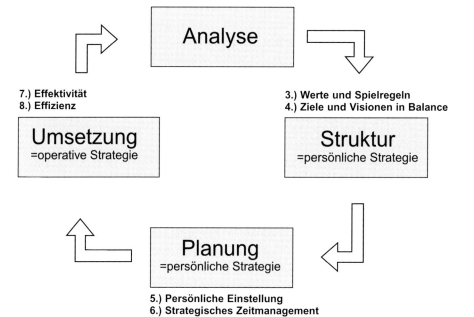

1.) Die eigene Identität kennen
2.) Seine Stärken und Schwächen nutzen

Analyse

7.) Effektivität
8.) Effizienz

Umsetzung
=operative Strategie

3.) Werte und Spielregeln
4.) Ziele und Visionen in Balance

Struktur
=persönliche Strategie

Planung
=persönliche Strategie

5.) Persönliche Einstellung
6.) Strategisches Zeitmanagement

16

ANALYSE

Für jede Strategie braucht man eine vorangehende Analyse. Wofür wollen Sie überhaupt eine Strategie anwenden? Bei „LebensStrategie" geht es um nicht weniger als Ihr Leben. Und hier sind bereits die ersten spannenden Fragen:

- Kennen Sie Ihr Leben?
- Kennen Sie sich selbst?

Kapitel 1: Die eigene Identität kennen

Oft sind es gerade die einfachen Fragen, die schwer zu beantworten sind. Wenn Sie aber eine Antwort darauf finden, wer Sie eigentlich sind, haben Sie das Fundament für eine erfolgreiche Lebensstrategie. Erst im Einklang mit uns selbst können wir in noch so hektischen Alltagssituationen sicher und ruhig bleiben. Die Analyse unserer Identität führt uns zu unserem eigentlichen Sein. Weil wir uns aber sehr oft verstellen und – bewusst oder unbewusst – einen ganz anderen Menschen vortäuschen, haben wir in unserem Leben Stress, indem wir Energie auf ein Leben vertun, das gar nicht zu uns passt. Dies ist die höchste Form der Ineffektivität. Oft verschwenden Menschen ihr ganzes Leben, weil Sie sich nie gefragt haben, wer sie wirklich sind.

Kapitel 2: Stärken und Schwächen nutzen

Sind wir uns selbst näher gekommen, geht es mit der so wichtigen Analyse unserer Stärken und Schwächen weiter. Diese wird oft vergessen, wenn es darum geht, Ziele für das eigene Leben zu formulieren. Welche von den unzähligen Zielen auf dieser Welt passen aber zu meinen Stärken und zu meinen Schwächen? Wenn wir unser persönliches Stärken- und Schwächenprofil vernachlässigen, werden wir auch sehr viel Energie verschwenden, indem wir unsere Stärken viel zu wenig nutzen und damit beschäftigt sind, unsere Schwächen auszugleichen. Wie oft treffen wir Menschen, die gar keine Ahnung von den Fähigkeiten haben, die in ihnen schlummern. Die Philosophie von „LebensStrategie" geht davon aus, dass jeder Menschen einen Schatz außerordentlicher Fähigkeiten und Wissen hat. Die wenigsten machen sich allerdings die Mühe, diese auch zu finden.

STRUKTUR

Strategie ist Struktur. So brauchen wir auch für die Strategie unseres Lebens eine Struktur. Ohne diese leiden wir unter der operativen Hektik des Alltags. Wir fühlen uns „gelebt", da uns Richtlinien fehlen, nach denen wir handeln und nach denen wir streben. Dabei sind es nur zwei Themen, die unserem Leben Struktur geben und die in den beiden folgenden Kapiteln beschrieben werden: Werte und Ziele.

Unsere Werte geben uns dabei die Struktur für unser Handeln, und mit unseren Zielen ordnen wir unsere Aufmerksamkeit und setzen unsere Prioritäten. Mit „LebensStrategie" wurde zusätzlich ein neues Modell der Lebensbalance entwickelt, mit dem sowohl Werte als auch Ziele geordnet werden können.

Kapitel 3: Spielregeln & Werte beachten

Die Spielregeln unseres Lebens sind eine besondere, übergeordnete Form unserer Werte, die nicht nur für einzelne Menschen, sondern für alle Menschen gelten. Es sind die vielen Weisheiten, die wir zwar sehr gut kennen, gegen die wir aber jeden Tag aufs Neue verstoßen. Unsere Werte sind hingegen nur für uns gültig.

Menschen haben unterschiedliche Wertigkeiten. Viel Streit und Diskussion könnten vermieden werden, wenn wir dies einfach akzeptierten und nicht bemüht wären, andere Menschen von unseren Werten überzeugen zu wollen. Wenn wir in Einklang mit unseren Werten leben, fühlen wir uns glücklich, wenn wir uns davon nicht leiten lassen, fehlt die innere Balance. Interessant ist, dass viele Menschen die für sie wichtigen Werte gar nicht kennen.

Kapitel 4: Ziele und Visionen in Balance

So wie Schiffe Leuchttürme brauchen, an denen sich die Kapitäne orientieren können, so brauchen Menschen, die ihrem Leben einen besonderen Sinn geben möchten, Visionen, die sie leiten. Leuchttürme sind Ziele, die unterschiedlich weit in der Zukunft liegen. Je weiter wir den Bogen spannen und die Pfeile unserer Wünsche in die Zukunft schießen, desto strukturierter und zielorientierter werden wir leben können. In diesem Kapitel lernen Sie die „7 Horizonte unserer Ziele" kennen.

Zusätzlich bietet „LebensStrategie" das Modell „LebensBalance", das uns hilft, unsere Ziele gemäß der Balance zu ordnen, die wir für unser Leben suchen. Diese Ordnung ist für unsere Prioritäten wichtig, mithilfe derer wir uns auf das Wesentliche konzentrieren.

PLANUNG (= Persönliche Strategie)

Wenn über Strategie gesprochen wird, ist damit in erster Linie Planung gemeint. Bisher wurde deutlich, dass eine Strategie aus wesentlich mehr besteht, jedoch ist die Planung das Herzstück jeder Strategie. Es geht bei dieser persönlichen Strategie darum, die Ziele möglichst schnell und mit möglichst wenig Aufwand zu erreichen. Wenn wir nach den vorherigen Kapiteln wissen, welches Leben wir wirklich leben wollen, dann geht es in diesen beiden Kapiteln darum, den Weg dorthin zu beschreiben. Zwei Aspekte spielen dabei eine besonders wichtige Rolle: Unser Denken und Verhalten und unser zielorientierter Umgang mit unserer Zeit, den ich strategisches Zeitmanagement nennen möchte.

Kapitel 5: Denk- und Verhaltensstrategien

Oft scheitern Menschen, obwohl sie die Spielregeln des Lebens kennen, ihre Werte einschätzen und ganz klar ihre Ziele formuliert haben. Die Gründe liegen in der Art und Weise, wie diese Menschen denken, welche Einstellungen zum Leben sie haben und wie sie in Gedanken mit allen Bereichen des Lebens umgehen. In der Regel limitieren wir uns nämlich von Anfang an selbst, indem wir in unserem Kopf etwas generell für nicht möglich halten oder es uns selbst nicht zutrauen. Diese Denkstrategien wirken sich auf unser Verhalten aus, und wir gehen im Alltag nicht den Weg, der uns zu unserem Ziel bringen würde. Da gibt es die Denkstrategie der Verantwortung und Kontrolle über unser Leben, die oft von der Strategie der Opferrolle ersetzt wird. Oder die Strategie des Überflusses, die oft durch die des Mangels und des Wettkampfes ersetzt wird. Lernen Sie in diesem Kapitel, welche Denk- und Verhaltensstrategien Sie wirklich weiterbringen.

Kapitel 6: Strategisches Zeitmanagement

Um gemäß unserer Vision zu leben, bedarf es auch einer ganz neuen Einstellung zum Thema Zeit, die durch einen ganz anderen Zeitplanungsansatz unterstützt werden muss. Wenn wir einmal erkannt haben, dass allein wir es sind, die über unsere Zeit bestimmen, dann können wir ganz anders mit diesem kostbaren Gut umgehen. In dem Kapitel über strategisches Zeitmanagement wird es vor allem darum gehen, dass wir unsere Zeit aktiv verplanen und verwenden, indem wir die Kontrolle übernehmen und richtige Prioritäten setzten. Eine neue Definition von Prioritäten wird Ihnen dabei helfen. Zusätzlich geht es um die Konzentration auf die Gegenwart, jeden Augenblick bewusst zu leben.

UMSETZUNG (= operative Strategie)

Die ersten sechs Kapitel (und somit 75% der „LebensStrategie") machen keinen Sinn, wenn diese nicht in unserem alltäglichen Leben umgesetzt werden. Diese Anleitung soll keine schöne Theorie sein, sondern eine praktische Anleitung, die Ihnen hilft, erfolgreicher und glücklicher zu leben. Das wird nur dann erreicht, wenn Sie es umsetzen, und das jeden Tag. Jeden Tag unseres Lebens einen kleinen Schritt in die richtige Richtung zu gehen, bringt uns viel weiter, als theoretisches Wissen.

Die operative Strategie stellt somit den letzten und wesentlichen Teil von „LebensStrategie" dar. Dabei werden zwei einfache Fähigkeiten unterschieden: Unsere Effektivität, die bewirkt, dass wir das Richtige tun und die richtige Richtung einschlagen. Und unsere Effizienz, die uns hilft, unsere Aufgaben richtig zu bewältigen und zügig voranzukommen.

Kapitel 7: Effektivität

Bei der Umsetzung unserer Ziele in die Realität des Alltags brauchen wir Fähigkeiten und Werkzeuge, die uns dabei helfen, stets die Richtung zu unseren Zielen bestimmen zu können. Stephan Covey vergleicht diese Werkzeuge mit einem Kompass, der uns die Himmelsrichtung anzeigt und durch den wir wissen, wo Norden ist. Unser Norden sind die Ziele, die wir erreichen wollen, und so brauchen wir Werkzeuge wie z.B. Projektmanagement, Delegationsfähigkeit und Messung unserer Erfolge.

Kapitel 8: Effizienz

Aber nicht nur die Ausrichtung auf unsere Ziele, sondern auch gute Selbstorganisation und Zeitkultur helfen uns weiter. Die Geschwindigkeit spielt dabei nicht die größte Rolle, aber bei vielen Teilzielen des Alltags hilft es ganz einfach, wenn wir schnell und gut sind.

Schnell und gut werden wir aber nur, wenn wir die vier vorgestellten Regeln der Effizienz befolgen und sowohl Zeitdiebe, als auch Zeitverschwendung meiden, indem wir geeignete Werkzeuge der Zeitplanung und -verwendung einsetzen. Sie werden auch Informationen darüber finden, welches Werkzeug am besten zu Ihnen passt und wie Sie einen Tag am besten planen. Für den erfolgreichen Umgang mit Zeitdieben und Zeitverschwendungen werden jeweils 10 Tipps & Tricks vorgestellt. Durch die Effizienz wird mehr Zeit zur Verfügung stehen, das richtige Leben auch wirklich leben zu können.

Der Strategieordner „LebensStrategie"

Das Prinzip von „LebensStrategie" kann nur so gut sein wie seine Umsetzung. Die Übungen in dieser Anleitung helfen, die eigene Strategie in die Tat umzusetzen. Sinnvoll ist es, diese Übungen in einem eigenen Ordner zu sammeln. Die Struktur des Ordners entspricht den aufgeführten Übungen in diesem Buch. Als ästhetisch anspruchsvolle Lösung wurde vom Schmidt Verlag ein Strategieordner entwickelt, in dem Sie die Vordrucke finden.

1.) Identitätsworkshop (Übung 1)
2.) Stärken-/Schwächen-Analyse (Übung 2)
3.) Werte: Mein persönliches Grundgesetz (Übung 3)
    Die Struktur der Werte (Übung 4)
4.) Die sieben Zielhorizonte
    Der 7. Zielhorizont – Die persönliche Lebensvision
    (Übung 5)
    Der 6. Zielhorizont – Die langfristige Lebensplanung
    (Übung 5)
    Der 5. Zielhorizont – Die Periodenplanung (Übung 6)
    Der 4. Zielhorizont – Die Jahreszielplanung (Übung 7)
    Der 3. Zielhorizont – Die Monatsplanung (Übung 8)
5.) Denk- und Verhaltensstrategien
6.) Strategisches Zeitmanagement
    Der 2. Zielhorizont – Die Wochenplanung (Übung 9)
    Der 1. Zielhorizont – Die Tagesplanung (Übung 10)
7.) Operative Strategie – Effektivität
8.) Operative Strategie – Effizienz (Übung 11)

In der Regel haben die wenigsten einen derartigen Strategie-Ordner mit allen eigenen Analysen, sowie den Stärken und Schwächen im Schrank stehen. Um aber unsere Ziele umzusetzen, ist es wichtig, diese auch zu formulieren und uns immer wieder vor Augen zu führen.

Legen Sie sich ein persönliches und strategisches Werkzeug in Form dieses Ordners an und ordnen Sie die Übungen entsprechend der Liste. Die Übungen dieser Anleitung sind in dem oben abgebildeten Ordner gekennzeichnet.

Jeder Versuch, etwas zu verändern und zu verbessern ist nur so gut wie seine Umsetzung. Denken Sie daran, dass die Planung 10%, die Umsetzung 90% ausmacht. Diese Umsetzung wünsche ich Ihnen. Nutzen Sie daher Ihren Strategie-Ordner.

1. Die eigene Identität kennen

Für jede erfolgreiche Strategie ist das Wissen um den derzeitigen Zustand wichtig. Dieses Wissen glauben wir zu haben, wenn wir über unser Leben nachdenken. Wir wissen doch schließlich wer wir sind! Daher konzentrieren sich die meisten „Erfolgs-Strategien" sofort auch auf die Zukunft. Es scheint auch einzuleuchten, dass es doch zuerst wichtig ist, dass wir wissen, was wir wollen. Die Betonung liegt hier darauf, dass es den Anschein hat.

Komplexe Aufgaben bestehen aber aus einer Reihe von Teilaspekten, von denen jeder für sich betrachtet wichtig ist. Ziele sind wichtig und wir werden im Kapitel 4 auch intensiv auf das Thema Ziele eingehen. Die Eigenschaft einer erfolgreichen Strategie ist aber, alle Teilaspekte in der richtigen Reihenfolge zu beachten.

Das Leben ist eine komplexe Aufgabe. Es muss aber nicht zwangsläufig schwer sein, diese Komplexität zu managen. „LebensStrategie" stellt einen roten Leitfaden dar, diese Komplexität einfach handhaben zu können.

An erster Stelle der Reihenfolge steht daher die Analyse des derzeitigen Zustandes. Um Ziele erreichen zu können, muss ich wissen, wo ich bin. Das hat jeder schon praktiziert, der sich in einer Stadt verfahren hat und mittels eines Stadtplans den Weg sucht. Wir suchen das Ziel genauso wie unseren Standort.

Im Leben ist es aber nicht nur entscheidend, den Weg zum Ziel zu finden, sondern das Ziel selbst zu finden. Wenn wir beantworten wollen, was wir in unserem Leben erreichen wollen, müssen wir zuerst beantworten, was unser Leben eigentlich ist. Wir alle leben ganz unterschiedliche Leben. Eine Vielzahl von Erlebnissen, Prägungen und Ereignissen hat uns zu der Persönlichkeit gemacht, die wir sind. Wir nennen die Frage, wer wir eigentlich sind, auch Identität. Welche Identität haben Sie?

Wäre es nicht sinnvoll, zuerst eine Antwort auf diese Frage zu geben, bevor wir uns mit unseren Zielen beschäftigen? Da es sich um eine philosophische Frage handelt, möchte ich an dieser Stelle auch eine These formulieren, die grundlegend über den Erfolg Ihrer Lebensstrategie entscheiden wird:

Wir leben unser Leben aus einem bestimmten Grund und mit einer sehr individuellen Aufgabe, die es gilt zu lösen. Diesen Grund und diese Aufgabe kann man den Sinn des eigenen Lebens nennen. Es geht nicht darum, „irgendein" Ziel für Ihr Leben zu finden, das Sinn gibt. Es geht darum, Ihre Ziele zu finden, die Ihrer Identität und Persönlichkeit entsprechen, die Ziele, für die Sie im Leben angetreten sind.

Basierend auf dieser These wird deutlich, warum eine Analyse der erste Bereich einer Lebensstrategie ist.

Kennen Sie Ihre Identität?

Für die Antwort auf diese Frage ist der erste Schritt von „Lebens-Strategie" eine Übung. Diese Übung nenne ich gerne den „Identitätsworkshop". Dieser Identitätsworkshop gleicht einer kleinen Analyse, die der Frage nachgeht: „Wer bin ich wirklich?"

Oft glauben wir zu wissen, wer wir sein wollen. Unsere Ziele bauten daher bisher auf diesem Bild auf. Dieses Bild wird sehr von äußeren Einflüssen geprägt. Wer sind wir aber wirklich?

Mancher Leser wird sich jetzt fragen: „Wozu muß ich das wissen?" – Ganz einfach:

Die größte Zeitverschwendung ist es, das falsche Leben zu leben!

Das „falsche Leben" ist dabei ein Leben, das man eigentlich gar nicht leben möchte. Viele Menschen wollen eigentlich ein ganz anderes Leben leben. Leben Sie das Leben, das Sie leben wollen?

26

Oder leben Sie ein Leben, das Ihnen irgend jemand vorgesagt hat zu leben? Viele Stimmen, an die Sie schließlich zu glauben angefangen haben . In der Regel flüstern uns diese Stimmen zu: „Das kannst Du nicht", „Das schaffst Du nicht" oder „Bleib realistisch!"

Weil wir unsere Identität nicht kennen, glauben wir diesen Stimmen und trauen uns das Leben nicht zu, das wir eigentlich leben wollen. An die Stelle unseres Lebens treten viele Bilder und Vorstellungen, die uns von außen angeboten und förmlich aufgedrängt werden. Denken Sie daran, wenn es etwas später um Ziele geht. Führen diese Ziele dann zu dem, was Sie wirklich wollen?

Die elementare Frage einer Unternehmensstrategie ist: „Machen wir das richtige Geschäft?"

Wenn es um Ihr Leben geht, um Ihre Lebensstrategie, muss diese Frage sehr ähnlich lauten:

„Lebe ich das richtige Leben?"

Um uns diese Frage beantworten zu können, wollen wir aber erst einmal in die eigene Identität eintauchen. Wir haben eine Geschichte, eine Herkunft, Eigenschaften und Einstellungen. Im nächsten Kapitel werden wir uns auch unseren Fähigkeiten, unseren Stärken und auch Schwächen widmen. Wir strahlen all das in Form unserer Persönlichkeit aus. Diese Ausstrahlung beeinflusst jeden Tag unser Leben und macht uns in vielen Situationen erfolgreich und in anderen Situationen steht sie uns im Weg. Um Ihrer Identität näher zu kommen, ist es daher wichtig, sich für eine kurze Zeit mit der eigenen Vergangenheit zu beschäftigen, die uns zu dem machte, was wir heute sind.

<u>Übung 1</u>: **Identitätsworkshop**

Nehmen Sie Ihren persönlichen Strategie-Ordner zur Hand und entwerfen Sie eine kurze und aktuelle Fassung Ihres Lebenslaufs. Vielleicht haben Sie auch noch eine relativ aktuelle Fassung zur Hand. Wenn Sie keinen aktuellen Lebenslauf haben, dann nehmen Sie sich die Zeit und aktualisieren eine ältere Version Ihres Lebenslaufs oder schreiben Sie einfach Ihren Lebenslauf neu.

1. Lesen Sie Ihren Lebenslauf.

2. Malen Sie einen Zeitstrahl ihres Lebens und markieren Sie Ihren aktuellen „Standort" (= heute).

3. Welche Ereignisse haben bisher Ihr Leben geprägt?

Oft hilft es, wenn wir uns Zeit bildlich vorstellen. Betrachten Sie den Zeitraum Ihres Lebens als Linie und vergeben Sie kleine nummerierte Punkte für besondere Ereignisse in Ihrer Vergangenheit:

4. Beschreiben Sie kurz diese Ereignisse.

1: _____

2: _____

3: _____

...

7: _____

5. Wie haben diese Ereignisse Ihr Leben verändert und Ihre Persönlichkeit geprägt?

Entspannen Sie sich eine Minute und schalten den „Funkverkehr" in Ihrem Kopf einmal aus. Spüren Sie den angenehmen Druck Ihres Sessels oder Stuhls?

Atmen Sie mehrmals tief und langsam durch.

Spüren Sie die Luft, wie sie zuerst durch Nase oder Mund strömt?

Verharren Sie etwas bei diesem Gefühl und konzentrieren Sie sich nur auf Ihre Atmung. Die paar unverbesserlichen „Funker", die weiterhin versuchen, in Ihrem Kopf einzudringen, weisen Sie zurecht: „Bitte Funkstille einhalten!" Zusätzlich drehen Sie den Lautstärkeregler in Ihrem Kopf nach unten, und alle Stimmen werden leiser und leiser. Bleiben Sie noch eine kleine Weile bei Ihrem Atem und Ihrer Entspannung.

Stellen Sie sich nun vor, wie Sie im Moment – von außen betrachtet – aussehen. Schlüpfen Sie aus Ihrer Haut und stellen Sie sich innerlich vor, dort zu stehen, wo es Ihnen angenehm ist und wo Sie sich gut sehen können. Vielleicht schweben Sie über dem Gebäude, in dem Sie sich befinden und das plötzlich durchsichtige Wände hat. So wie in Kinofilmen, wenn die Kameraführung wegzoomt und dennoch die Schauspieler sichtbar bleiben. Vielleicht hilft es Ihnen ja auch, dies alles wie im Kino sitzend zu beobachten, entspannt auf den weichen Kinosesseln sitzend, und einfach nur zuzusehen, wie Sie dasitzen und sich gerade entspannen. Probieren Sie es ein paar Minuten. Anfangs mag es ungewöhnlich sein, aber in der Regel können Sie sich schon bald von außen beobachten. Nehmen Sie sich die Zeit, die Sie brauchen!

Und nun schauen Sie in die Ferne zu einem Haus, an das Sie sich aus Ihrer frühesten Kindheit erinnern können, dort, wo Sie den frühen Teil Ihrer Kindheit verbracht haben, dort, wo Sie gespielt haben. Stellen Sie sich eine solche Szene im Garten oder im Haus vor und nehmen Sie sich auch hierfür wieder Zeit. Auch wenn das Bild jetzt groß vor Ihnen steht, so rücken Sie es etwas in die Ferne, so wie es auch Ihre ferne Vergangenheit ist.

Mit etwas Übung können Sie nun beide Szenen gleichzeitig betrachten. Hier Ihre heutige Situation, dort, wo Sie sitzen, und in der Ferne, Ihre frühe Kindheit. Schauen Sie sich beide Szenen lange an.

Spannen Sie nun in Ihrem Geiste eine Leine zwischen beiden Situationen, eine schöne, strahlende Leine, die Ihre eigene Geschichte symbolisiert. Eine Leine von dem Bild heute zu dem Bild von damals. Nehmen Sie sich die Zeit.

Und nun gehen Sie diese Leine entlang und immer, wenn Ihnen ein Bild aus der Vergangenheit in den Sinn kommt, dann hängen Sie es einfach wie ein Tuch an die Leine, aber so, dass Sie es gut sehen können. Es mag dabei große und bunte Bilder geben oder kleine, die ihnen eher in schwarz-weiß vorkommen. Die Bedeutung ist dabei jetzt nicht so wichtig. Es geht nur um die Bilder. Bei manchen werden Sie sofort das Gefühl haben, dass es sich hier um ein besonderes Ereignis gehandelt hat. Schauen Sie es sich kurz an und hängen Sie es an die Leine. Haben Sie keine Angst, dass es wieder vergessen wird. Sie haben es ja an der Leine befestigt. Machen Sie diese Übung solange Sie dies möchten, einige Minuten oder auch länger. Wenn Sie der Meinung sind, genügend Ereignisse gesammelt zu haben, dann nehmen Sie ruhig das Blatt Papier und den Stift zur Hand, bleiben in Ihrer Vorstellung und beginnen kleine Punkte auf der Zeitlinie zu machen und kurz zu notieren, was damals gewesen ist. Fahren Sie solange fort, wie Sie sich fürs Erste wohl fühlen.

Wenn Sie genügend Erinnerungen aufgeschrieben haben, dann kehren Sie in Ihren Gedanken in Ihren Körper zurück, betrachten noch einmal Ihre Zeitlinie und kommen ganz langsam aus dem entspannten Zustand zurück.

6. Schreiben Sie Ihre Erinnerungen und Gefühle auf.

Beispiele:

Einige Beispiele von Bildern, die eine intensive Erinnerung hinterlassen und die Meilensteine einer Vergangenheit sein können.

Ein Berufswechsel ist zum Beispiel ein solcher Einschnitt. Warum habe ich meinen damaligen Beruf gewechselt? Womit war ich unzufrieden? Welche Werte will ich in dem neuen Beruf verwirklichen? Kann ich mir vorstellen, in dem jetzigen Beruf alt zu werden?

Ein weiteres einschneidendes Erlebnis ist der Verlust eines lieben Menschen. Was habe ich verloren? Was fehlt mir? Wie hat mich dieses Erlebnis in meiner Einstellung, meinem Denken und meinem Verhalten beeinflusst?

Da gibt es Situationen, denen wir uns anfänglich nicht gewachsen fühlten und wo wir sehr aufgeregt waren. Sie bleiben uns in der Regel gut in Erinnerung: Wie liefen diese Situationen für mich ab? Hatte ich Erfolg oder Misserfolg?

All diese Erinnerungen und Erfahrungen schwingen jeden Tag

Ihres Lebens mit. Wenn Sie Entscheidungen treffen, planen oder handeln. Sie sind sich dessen nur oft nicht bewusst.

7. Nehmen Sie sich nun Zeit für folgende Fragen zu Ihrer Identität:

a) Was ist für mich jetzt und heute der „Sinn meines Lebens"?

b) Welche Erfahrungen in meiner Kindheit beschäftigten sich mit diesem Thema und prägten mich?

c) Welche fünf Werte sind mir am wichtigsten?

d) Was bedeuten diese Werte für mich? (kurze Erklärung)

e) Was bedeutet „Lebensqualität" für mich wirklich?

f) Welches sind die wichtigsten Bereiche meines Lebens und wie lebe ich diese?

g) Was waren meine größten Niederlagen und warum sehe ich sie als Niederlagen?

h) Was waren meine größten Erfolge und warum bezeichne ich sie als Erfolge?

i) In welchen Situationen fühle ich mich wohl und sicher?

j) Wenn ich mal ganz ehrlich sein will, wie würde ich meine Persönlichkeit beschreiben?

Ende der Übung 1: Identitätsworkshop

Es ist in unserem Alltag nicht üblich, uns Fragen zu stellen über uns selbst, über unser Leben und über das, was wir eigentlich wollen. Dass diese existenzielle, gedankliche Tätigkeit zu kurz kommt, ist Ursache für viel Leid und fehlende Lebensfreude.

Menschen können jedoch wesentlich mehr, als sie sich selbst zutrauen.

- Menschen leben oft nicht das Leben, das sie eigentlich leben wollen und könnten.

- Die wesentlichen Fragen, diesen Zustand zu vermeiden, haben Sie sich gerade gestellt.

2. Seine Stärken und Schwächen nutzen

Zu unserer Identität gehören auch unsere Stärken und Schwächen, wie sie für jeden Menschen typisch sind. Wir wissen zwar, dass niemand in allen Bereichen und Fähigkeiten des Lebens gut sein kann und dennoch hegen wir die leise Hoffnung, dass dies bei uns selbst anders ist.

Richtig effektiv sind aber die Menschen, die sowohl ihre Stärken, als auch ihre Schwächen kennen. Nur auf diesem Teil der Selbstanalyse können Sie eine geeignete LebensStrategie entwickeln. Bei jeder Unternehmensstrategie interessiert sowohl das Umfeld, als auch die eigenen strategischen Wettbewerbsvorteile. Aber auch das Wissen um unsere Schwächen hilft uns, in unserem Alltag richtig zu handeln und eventuell mit Menschen zusammenzuarbeiten, die unsere Schwächen kompensieren können.

In den letzten zehn Jahren wurde versucht, mit Instrumenten das Wissen und die Fähigkeiten von Menschen zu messen. Instrumente wie HDI, DISG, INSIGHTS, Meyer-Briggs sind nur einige Beispiele. Diese Instrumente „messen" unsere Eigenschaften und geben uns einen Anhaltspunkt, ob wir eher

- zielorientiert, visionär, ehrgeizig, entschlossen und unabhängig sind, oder

- gefühlvoll, begeisternd, enthusiastisch, positiv, offen und kommunikativ, oder

- geduldig, zurückhaltend, beständig, bewahrend, zuverlässig und bescheiden, oder

- ordentlich, sorgfältig, perfektionistisch, logisch, analytisch und präzise sind.

Diese Einteilungen variieren leicht unter den verschiedenen

34

Tests, basieren aber alle auf Selbsteinschätzungen, wie wir uns in bestimmten Situationen verhalten, und bilden die persönlichen Grundmerkmale ab, ob sich jemand eher an Menschen oder an Aufgaben orientiert und eher extrovertiert oder introvertiert ist. Doch wird niemand beides in extremer Ausrichtung sein.

Auch die Orientierung an dem großen Bild, der Vision, oder dem Detail ist von Mensch zu Mensch verschieden, und wir tun gut daran, das sowohl bei uns, als auch bei anderen zu akzeptieren. Schwer wird es, wenn daraus abgeleitet wird, dass ein Mensch eben so und nicht anders ist. Diese Formen der Beurteilung sind eher Momentaufnahmen und können sich im Laufe des Lebens ändern. Die grobe Einteilung in verschiedene Stärkenprofile nimmt z.B. INSIGHTS mit folgenden Beschreibungen vor:

Reformer, Mischung aus zuverlässig, sorgfältig + zielorientiert, entschlossen

Direktor, zielorientiert, entschlossen, ehrgeizig, unabhängig (ROT)

Motivator, Mischung aus zielorientiert, entschlossen + begeisternd, emotional

Inspirator, enthusiastisch, emotional, kommunikativ, offen (GELB)

Berater, Mischung aus kommunikativ, offen + zuverlässig, zurückhaltend

Unterstützer, geduldig, zurückhaltend, beständig und bescheiden (GRÜN)

Koordinator, Mischung aus geduldig, beständig + sorgfältig, präzise

Beobachter, perfektionistisch, ordentlich, sorgfältig, präzise (BLAU)

Falls Sie Menschen begegnen, die sich mit solchen Methoden auskennen und fragen, ob Sie BLAU sind, ist das nicht böse gemeint. Man hält Sie dann nicht für einen Säufer, sondern für einen sorgfältigen Menschen.

Alle Methoden haben ihre Grenzen. Als eine Methode der Selbstreflexion sind sie allerdings sehr gut geeignet und ich empfehle Ihnen daher durchaus Ihre Stärken und Schwächen anhand der beiden gängigen Werkzeuge HDI (www.hdi.de) oder INSIGHTS (www.scheelen-institut.de) zu reflektieren.

Ohne psychologische Messinstrumente haben Sie allerdings auch die Möglichkeit, sich mit geeigneten Fragen einen Spiegel vorzuhalten. Selbsterkenntnis wird durch Fragen gefördert. Aus diesem Grund wurde die Stärken-/Schwächen-Analyse als zweite Übung und Baustein von „LebensStrategie" entworfen.

Übung 2: Stärken-/Schwächen-Analyse

Nehmen Sie wieder Ihren persönlichen Strategie-Ordner zur Hand. Entweder haben Sie die Vordrucke des vorgefertigten Strategie-Ordners von „LebensStrategie" oder Sie entwerfen einfach eine Tabelle, ähnlich der unten aufgeführten. Listen Sie Ihre Fähigkeiten und Ihr Wissen in den einzelnen Bereichen auf und bewerten Sie diese in den rechten fünf Spalten. Bei durchschnittlichen Fähigkeiten und Wissen machen Sie einen Punkt bei der „0". Wenn es sich um eine Schwäche handelt (Listen Sie auch diese auf, wenn es sich um Fähigkeiten oder Wissensgebiete handelt, die Sie für wichtig halten und die Sie ändern möchten), dann machen Sie einen Punkt in den Spalten -25% bis -100%, je nachdem wie schwach Sie sich bei dieser Fähigkeit oder dem Wissensgebiet fühlen. Machen Sie den Punkt dort, wo Sie glauben, dass Ihr Defizit unter dem Durchschnitt liegt. Tun Sie bitte das gleiche mit Ihren Stärken und bewerten Sie diese mit einem Punkt in den positiven Spalten.

Sie werden zu den einzelnen Bereichen Ihres Lebens befragt, in denen Sie Ihre Fähigkeiten und Ihr Wissen jeweils getrennt auflisten und bewerten können.

1. Welches sind Ihre großen Stärken, die Sie am besten charakterisieren?

2. Welches sind Ihre großen Schwächen, die Sie am besten charakterisieren?

3. Liste meiner Fähigkeiten und meines Wissens:

Fragen	Liste	−100%	−50%	−25%	0	+25%	+50%	+100%
Welche Fähigkeiten habe ich im beruflichen Bereich? (Liste der Stärken und Schwächen)								
Welches Wissen habe ich im beruflichen Bereich? (Liste der Stärken und Schwächen)								

Fragen	Liste	−100%	−50%	−25%	0	+25%	+50%	+100%
Welche Fähigkeiten habe ich im familiären und zwischenmenschlichen Bereich? (Liste der Stärken und Schwächen)								
Welche Fähigkeiten habe ich im familiären und zwischenmenschlichen Bereich? (Liste der Stärken und Schwächen)								

Fragen	Liste	−100%	−50%	−25%	0	+25%	+50%	+100%
Welche Fähigkeiten habe ich im Bereich meiner Persönlichkeit + Hobbys? (Liste der Stärken und Schwächen)								
Welche Fähigkeiten habe ich im Bereich meiner Persönlichkeit + Hobbys? (Liste der Stärken und Schwächen)								

Fragen	Liste	−100%	−50%	−25%	0	+25%	+50%	+100%
Welche Fähigkeiten habe ich in sportlichen, finanziellen oder sonstigen Bereichen? (Liste der Stärken und Schwächen)								
Welche Fähigkeiten habe ich in sportlichen, finanziellen oder sonstigen Bereichen? (Liste der Stärken und Schwächen)								

39

4. Selbstanalyse meiner persönlichen Eigenschaften:

Fragen	P	–100%	–50%	–25%	0	+25%	+50%	+100%
Wie klar sind mir meine Ziele?								
Wie sehr orientiere ich mich an meinen Zukunftsvisionen?								
Wie entschlossen bin ich wirklich, meine Ziele zu erreichen?								
Wie optimistisch bin ich?								
Wie selbstsicher bin ich?								
Wie groß ist meine Risikobereitschaft?								
Wie sehr berücksichtige ich Details? Bin ich sorgfältig?								
Wie gut kann ich Probleme lösen?								
Wie gut kann ich mich konzentrieren?								
Wie gut kann ich kommunizieren?								
Wie gut ist mein Auftreten und meine Rhetorik?								
Wieviel Freude habe ich insgesamt (energiegeladen)?								
Wieviel tue ich für meine Gesundheit?								
Wie sehr lebe ich in Balance?								
Habe ich genügend Zeit für Familie, Hobbys, ...?								
Wie geduldig bin ich? (Kann ich zuhören?)								
Wie groß ist meine Selbstdisziplin?								

Ende der Übung 2: Stärken / Schwächen

Mit diesen vier Teilen der Selbstanalyse bekommen Sie ein umfassendes Bild, wie Sie sich derzeit selbst sehen. Natürlich wird es einige Unterschiede zu den Ansichten Ihrer Umwelt geben. Wenn Sie Interesse daran haben, wie Sie auf Ihre direkte Umwelt wirken, dann kopieren Sie das Arbeitsblatt in Ihrem Ordner und lassen Sie es von Menschen Ihres Vertrauens für Sie ausfüllen. Schreiben Sie lediglich die Fähigkeiten und Wissensgebiete auf, ohne Sie zu werten, und Sie bekommen auch auf dieser Liste eine Einschätzung Ihrer Stärken und Schwächen.

3. Spielregeln und Werte beachten

Spielregeln des Lebens

Stellen Sie sich vor, Sie glauben, fliegen zu können. Nicht als Pilot mit einem Flugzeug, sondern indem Sie die Arme ausstrecken und abheben. Sie gehen also in den ersten Stock und klettern durch das Fenster (glücklicherweise haben Sie den ersten Stock für Ihre Pionierleistung gewählt). Sie breiten Ihre Arme aus und springen in die Luft. Was wird passieren?

Natürlich „fliegen" Sie, jedenfalls für ca. zwei Sekunden. Von außen betrachtet, wird man es eher als „fallen" beschreiben und spätestens, nachdem Sie auf dem hoffentlich weichen Rasen vor Ihrem Haus aufgeschlagen sind, werden Sie feststellen, dass Sie nicht fliegen können. Nun könnten Sie ja auf die Idee kommen, dass es nur die richtige Einstellung und den Glauben daran braucht, dass es auch „wirklich funktioniert", wenn Sie es sich nur intensiv genug vorstellen. Außerdem brauchen Sie einfach etwas Übung. Nach dem 17. Aufschlag werden Sie aber hoffentlich einsehen, dass es ihnen nicht gelingen wird und zwar aus zwei einfachen Gründen:

1. Es existiert das Naturgesetz der Schwerkraft und

2. Menschen sind ohne Hilfsmittel nicht fürs Fliegen geeignet.

Die Schwerkraft ist ein Naturgesetz. Wir kennen es und haben gut gelernt, damit zu leben. Wir springen in der Regel auch nicht aus Fenstern und wenn manche wagemutige Menschen unbedingt von Häusern springen müssen, dann tun sie es aus dem 50. Stock mit einem Fallschirm, um das Naturgesetz „Schwerkraft" durch das Naturgesetz „Luftwiderstand" aufzuheben.

Wenn wir an dieser Stelle über Naturgesetze sprechen, ist damit per Definition Folgendes gemeint:

Naturgesetz = Ordnungsregel, aufgrund derer etwas ist oder geschieht.

Interessant ist die leichte Abweichung der Definition eines Grundgesetzes:

Grundgesetz = Ordnungsregel, die vorschreibt, dass oder wie etwas sein oder geschehen soll.

Das Naturgesetz ist also eine Ordnungsregel, die weder von Menschen gemacht wurde, noch von ihnen geändert werden kann. Wir wissen nicht, *warum* ein Naturgesetz funktioniert, sondern nur *wie* es funktioniert. Dieses Wissen können wir nutzen.

Naturgesetze sind fundamentale Abläufe der Natur und des Lebens, die von uns Menschen als wahr erfahren und auch getestet werden können. Sie beschreiben unsere Welt so wie sie ist, im Gegensatz dazu, wie wir oft meinen, dass die Welt sei.

Für unser Leben gelten ähnliche Gesetze, die ich „Spielregeln des Lebens" nennen möchte. Es sind natürliche Gesetze, die auf einer persönlichen und individuellen Ebene unseres Lebens existieren und die im Umgang mit uns selbst und mit anderen Menschen gelten. Viele sind uns gut bekannt. „Du sollst nicht lügen!", „Du sollst nicht stehlen!" sind nur zwei Beispiele aus der Bibel, die einen tieferen Sinn haben, da es Spielregeln sind. Natürlich können wir lügen und stehlen. Wir haben die freie Entscheidung über unser Handeln. Unsere Mitmenschen werden uns als Konsequenz daraus aber nicht mehr glauben und vertrauen, wenn wir die Spielregeln verletzen. Manche Menschen meinen nun, diese Folgen beeinflussen zu können, indem sie es wieder gutzumachen versuchen. Das Missachten dieser Spielregeln lässt sich aber nicht wieder gutmachen. Wir können nicht auf die Spielregeln einwirken. Die Spielregeln wirken auf uns ein. Sicher werden uns Menschen verzeihen, aber werden sie uns genauso glauben wie vor der Lüge?

Es ist ein so einfaches Prinzip. Umso mehr ist es verblüffend, dass dieses einfache Prinzip den meisten Menschen zum Verhängnis wird, indem sie glauben, diese Spielregeln verändern zu können oder nicht gemäß diesen spielen zu müssen.

Um dieses Problem noch weiter zu verdeutlichen, gehen Sie doch noch einmal in Gedanken auf Ihren Balkon. In dem Moment, in dem Sie losspringen, spüren Sie noch nicht den Aufschlag, vielleicht haben Sie sogar kurz das Gefühl, wirklich zu fliegen. Die Konsequenz kommt schnell, aber nicht sofort. Sie könnten ja auch höher abspringen. Sie befinden sich im freien Fall und haben noch 1000m bis zum Aufschlag. Für Sie ist die Welt in Ordnung – Sie fliegen und interpretieren den Fahrtwind als Aufwind. Vielleicht dauert es bei anderen Beispielen sogar Jahre bis zum Aufschlag, aber dann ist er um so härter. Die Gründe werden dann aber im unmittelbaren Umfeld gesucht und nicht in dem eingeleiteten Sturzflug vor zwei Jahren.

Je weiter Missachtung der Spielregeln und Folgen auseinander liegen, um so schwieriger wird es, die eigentlichen Probleme und Fehler zu erkennen. Wir erleben ein negatives Ereignis und suchen nach Schuldigen, weil wir uns in den letzten Tagen wirklich nichts vorzuwerfen hatten. Aber vielleicht liegt die Verletzung der Spielregeln schon viel länger zurück. Wir sind nicht Opfer von widrigen Umständen, sondern unserer eigenen Dummheit. Wir erleben lediglich die Konsequenz aus der Missachtung der Spielregeln des Lebens. Wir bekommen dann den Eindruck, unser Leben ganz einfach nicht unter Kontrolle zu haben.

Das haben wir auch nicht!

Denn die Kontrolle haben die Spielregeln und nicht wir. Wir können nur entscheiden, ob wir uns an diese Spielregeln halten oder nicht. Wenn wir es tun, dann werden wir merken, wie schnell wir wieder Kontrolle über unser Leben haben.

Wenn wir lernen, diese Spielregeln in unser Verhalten und unsere gelebten Werte zu integrieren, dann werden wir unsere Produktivität, unseren Erfolg und auch unser Glück vergrößern. Wir haben keine Ahnung, wie glücklich wir sein könnten, wenn wir aufhören unsere Energie durch Verstöße gegen die Spielregeln zu verschwenden.

Es ist wie bei starkem Wind auf einem Segelboot. Wenn die Segelstellung falsch ist, kann er uns zum Kentern bringen. Setzen wir die Segel richtig, können wir mit Eleganz über die Wellen gleiten.

Wir können die Kontrolle über unser Leben nur dann bekommen, wenn wir die Konsequenzen der Spielregeln beachten. Das können wir nur, wenn wir die Spielregeln verstehen und danach leben.

Es folgen Beispiele für solche Spielregeln des Lebens. Betrachten Sie Ihren Alltag und finden Sie heraus, welche Spielregeln für Ihr Leben besonders wichtig sind. Heften Sie sich am besten ein Blatt Papier in Ihren Ordner und beschreiben Sie die Spielregeln, die Ihren Alltag bestimmen.

SPIELREGEL NR. 1:

Wenn ich Veränderung will, muss ich verändern.

Wenn Menschen unzufrieden sind, sollten sie doch eigentlich etwas ändern. Nur wenn ich verändere, kann ich auch verbessern. Die Veränderung wollen wir, aber wir wollen dabei nicht uns und unser Verhalten ändern. Nichts wird passieren! Es funktioniert nicht! Sie haben die falsche Strategie! Diese Spielregel zeigt Ihnen warum: Sie müssen zuerst sich selbst ändern, bevor Sie Ihre Lebensumstände verändern. Wirkliches Handeln ist gefragt, und es gibt keine Garantie, dass Sie mit dem Handeln eine Verbesserung erwirken. Oft verändern wir ja auch vergeblich. Aber wenn Sie einmal Ihre Fähigkeit entdeckt haben, verändern zu können, dann sind Sie der Kontrolle über Ihr Leben schon sehr viel näher.

Seien Sie aktiv! Verändern Sie Ihr Verhalten! Permanent verbessern heißt permanent verändern.

SPIELREGEL NR. 2:

Um produktiv zu sein, müssen Sie sich produktiv verhalten.

Menschen klagen darüber, die Ziele nicht zu erreichen, die sie anstreben. Die Ziele sind formuliert und sogar schriftlich festgehalten. Dennoch richten sie ihr Verhalten nicht auf die Ziele aus. Sie sind nicht bereit, den Preis zu zahlen, die Disziplin aufzubringen und produktiv zu sein. Produktivität erzeugt Produkte, die das Ergebnis unseres Handelns sind. Ohne Produktivität keine Ergebnisse. Es gibt nun mal nichts kostenlos. Ebenso wenig wie es Abkürzungen gibt. Wir meinen, Abkürzungen nehmen zu können, merken aber immer wieder, dass es nicht funktioniert. Erst wenn wir bereit sind, den Einsatz zu erbringen, der notwendig ist, um das Ziel zu erreichen, werden wir erfolgreich leben. Seien Sie produktiv! Nutzen Sie Ihre Zeit!

SPIELREGEL NR. 3:

Wer seine Zeit nicht nutzt, hat keine.

Schon Benjamin Franklin, ein Vorreiter in Sachen Zeitmanagement, riet uns: „Nutze die Zeit, denn Zeit ist der Stoff, aus dem das Leben gemacht ist!" Der Erfolg in unserem Leben hängt vom richtigen Gebrauch unserer Zeit ab.

Die Spielregel lautet auch: Verwenden Sie Ihre Zeit richtig, so haben Sie genug davon.

Wer nicht richtig mit seiner Zeit umgeht, der wird auch nie Zeit haben und darüber klagen, dass sie so knapp ist. Noch provozierender: Wer unter Zeitmangel leidet, kann ganz einfach nicht richtig mit sich und seiner Zeit umgehen. Menschen machen etwas grundsätzlich falsch, wenn sie unter permanentem Zeitdruck leiden. Dabei geht es nicht um Zeitmanagement, so dass Sie „eingesparte" Zeit gleich wieder mit neuen Aufgaben füllen. Es geht durchaus auch darum, langsamer zu werden, um schneller zu sein.

Machen Sie Pausen und schätzen Sie Reichtum an Zeit höher als Reichtum an Geld. Kehren Sie zurück zu der eigentlichen Bedeutung von Zeit. Seien Sie ausgeglichen in dem Rhythmus des Lebens. Erkennen Sie, was wirklich wichtig für Sie ist und handeln Sie danach. Dann werden Sie plötzlich merken, welchen Wohlstand an Zeit Sie bereits besitzen. Zeit nutzen heißt vor allem, Ruhe einkehren lassen in eine hektische Welt. Je mehr Sie in Ruhe darüber nachdenken können, wie Sie Ihre Zeit nutzen, desto mehr Zeit werden Sie haben. Das ist die eigentliche Spielregel der Zeit. Nutzen Sie den Augenblick!

SPIELREGEL NR. 4:

Menschen reagieren so, wie sie behandelt werden.

Es ist interessant zu hören, wie manche Menschen über andere Menschen reden, wie sie werten und schimpfen. Sie wundern sich, dass es immer schlimmer wird „mit den anderen". Oft beginnt die negative Spirale sehr früh. Menschen meinen, sich besser zu machen, indem sie andere schlechter machen. Das funktioniert aber so nicht. Das Gegenteil ist der Fall. Menschen, die mit anderen Menschen nicht richtig umgehen, werden in der Regel nur sehr schwer Menschen führen können, gute Freunde finden, durch interessante Kontakte wichtige Informationen bekommen, gemeinsam Spaß haben oder wirkliche Liebe finden.

Wenn wir andere schlecht behandeln, werden wir schlecht behandelt. Auch hier liegt einige Zeit zwischen Ursache und Wirkung. In meinem Buch „Charisma" habe ich diesen Zusammenhang als Voraussetzung für eine erfolgreiche Persönlichkeit mit der alten Lebensweisheit beschrieben „so wie man in den Wald ruft, schallt es zurück". Diese Wahrheit lässt sich nicht ändern. Sie ist eine Spielregel und nur wenige halten sich daran. Viele Führungskräfte sind der Meinung, Menschen kommandieren und kontrollieren zu müssen. Gleichzeitig wird der Service im Unternehmen beklagt. Ähnlich ist es mit der Liebe: Wer von uns will nicht geliebt werden, aber sind wir auch bereit zu lieben? Vielen Menschen fällt das Lieben schwer und sie wundern sich, wenn aus dem einstigen Verliebtsein zwischen Partnerin und Partner plötzlich Langeweile wird. Liebe ist gegenseitiges Geben und Nehmen, also lebendige Aktivität. Hierin müssen wir investieren und uns fortlaufend bemühen.

In diese Spielregel müssen wir investieren: ein Leben lang durch richtige Handlungen. Eine Fortbildung in diesem Bereich unseres Lebens ist gut investierte Zeit.

SPIELREGEL NR. 5:

Sie haben das Geld, das Sie nicht ausgeben!

Wenn Sie nicht mit Geld umgehen, können Sie keins haben. Mit Geld verhält es sich so, wie mit der Zeit, wobei Geld den Vorteil hat, dass es neu verdient werden kann. Wir können es anlegen, vermehren und leider auch ausleihen. Das können wir mit der Zeit nicht. Zeit kann lediglich verschwendet werden. Stellen Sie sich vor, Zeit könnte geliehen und es müsste Zeitzins bezahlt werden. Das Leben von so manchem Menschen wäre mit 30 zu Ende. Unvorstellbar?

So richtig leben, wenn wir jung sind, den Tag 48 und 96 Stunden haben lassen und feiern, was das Zeug hält? Das wär's doch, oder? Manche Menschen würden gern so leben und sie würden in den Abgrund schauen, wenn es an der Zeit ist, die Lebenszeit zurückzuzahlen, mit Zins und Zinseszins. „Glücklicherweise" können wir Zeit „nur" verschwenden.

Anders ist es beim Geld. Da die meisten (!) Mitbürger gerne Geld ausgeben, aber keines haben, liegt die Lösung nahe, sich Geld auszuleihen. Ob Ratenkauf, Leasing, „günstige" Kredite, „jetzt kaufen – später zahlen", usw. Die gesamte Schuldenlast allein für Konsumgüter belief sich bereits 1995 auf mehr als 400 Mrd. Mark. Gründe für die Verschuldung sind Möbelkauf (25%), Umschuldungen (25%), Kauf von Fernsehern, Hifi-Anlagen, Videorecordern (21%) und Autos (20%).

Wen wundert es da, dass so viele Menschen Probleme mit dem Geld haben? Die Medien- und Werbegesellschaften verführen die Menschen zu ihrem eigenen Unglück. Jetzt kaufen und später bezahlen verleitet viele Menschen dazu, die grundsätzliche Regel persönlichen Wohlstandes zu missachten.

Wenn wir finanziell gut dastehen wollen, müssen wir weniger ausgeben als einnehmen. Diese einfache Regel kennt jeder. Die wenigsten handeln danach. Sehr viel Leid entsteht jeden Tag durch deren Missachtung. Denken Sie an den Sprung von oben von Ihrem Haus und den Versuch, die Gravitation auszutricksen. Es funktioniert nicht! Ebenso wenig wird es funktionieren, sich ein „schönes" Leben auszuleihen.

SPIELREGEL NR. 6:

Wenn Sie Ihren Körper missachten, werden Sie krank!

Noch trauriger steht es um die Spielregel der Gesundheit. In all den Jahren als Arzt an der größten deutschen Universitätsklinik habe ich viele tausend Patienten behandelt. Die traurige Bilanz ist, dass mehr als 50% der schwerkranken Patienten dort waren, weil sie diese Spielregel missachtet haben. Wir ernähren uns falsch, bewegen uns viel zu wenig, traktieren unsere Lungen und Gefäße mit Nikotin und die Leber mit Alkohol, wir nehmen Drogen und Gifte zu uns, sind gestresst, unausgeglichen, schlafen zu wenig, ...

Diese Liste können Sie getrost selbst fortsetzen. Ihnen fällt sicher noch etwas ein, womit Menschen ihre eigene Gesundheit traktieren. Man könnte meinen, diese Menschen hassen ihren eigenen Körper. Auch hier gehen Menschen eine Überschuldung ein. So lange, bis sie krank werden. Den Ärzten wird dann vorgeworfen, den Schaden nicht einfach rückgängig machen zu können. Die Ablehnung der eigenen Verantwortung ist die Ursache des Unglücks. Wir haben aber nur diesen einen Körper. Wenn wir ein glückliches und erfülltes Leben haben wollen, sollten wir Zeit, Energie, Aufmerksamkeit, Pflege, Liebe und Fürsorge, Bewegung und gesunde Ernährung in unseren Körper „investieren".

SPIELREGEL NR. 7:

Wer das Ziel nicht kennt, wird den Weg auch nicht finden.

Alle erfolgreichen Menschen hatten vor ihrem Erfolg eine klare Vorstellung davon, was sie erreichen wollten. Wir brauchen Ziele, um den richtigen Weg gehen zu können. Glück und Erfolg sind dabei kein Ziel. Sie beschreiben lediglich den Zustand, wenn das Ziel erreicht ist. Diese Spielregel zeigt, dass uns unsere Ziele bekannt und klar formuliert sein müssen, um den richtigen Weg zu finden. Genau davon handelt dieses Buch.

SPIELREGEL NR. 8:

Großen Zielen müssen Fähigkeiten folgen!

Fähigkeiten zu erwerben, ist unerlässlich, um auch wirklich handeln zu können. Erst wenn unsere Ziele auch Handlungen auslösen, werden sie Realität. Eine viel zitierte Stelle bei Goethe bringt diese Spielregel auf den Punkt:

> *„Es ist nicht genug zu wissen, man muss es auch anwenden, es ist nicht genug zu wollen, man muss es auch tun.“*

> JOHANN WOLFGANG VON GOETHE

Seien Sie sich dieser Regel bewusst, bevor Sie Wünsche zu Zielen machen und formulieren. Ziele nehmen uns in die Verantwortung und in die Pflicht. Wir müssen bereit sein zu verändern und vielleicht manches ganz anders zu machen als bisher. Je höher die Ziele, desto größer unsere Bereitschaft zum Wandel. Welchen Preis sind Sie bereit, für Ihre Ziele zu bezahlen? Wollen Sie die notwendigen Fähigkeiten auch wirklich erwerben?

SPIELREGEL NR. 9:

Selbstbewusstsein entsteht durch Bewusstsein unserer selbst.

Mehr Selbstbewusstsein zu haben, wünschen sich viele Menschen. Auch wenn diese nach außen wie harte Geschäftsleute auftreten, so verbirgt sich hinter der Fassade dennoch oft genug ein schwaches Selbstbewusstsein. Fehlendes Selbstbewusstsein drückt sich nicht als Unsicherheit nach außen, sondern als Unsicherheit nach innen aus.

Bei dem Coaching einer sehr erfolgreichen Geschäftsfrau ist mir dies einmal besonders bewusst geworden. Ich habe selten eine Persönlichkeit in der Geschäftswelt getroffen, die so viel Kompetenz und Sicherheit ausstrahlte. Als sie mich fragte, ob ich sie für eine Zeit coachen könnte, verstand ich nicht den Grund. Eigentlich wäre ich gerne von ihr gecoacht worden. Sie lachte, als ich ihr das sagte. Nach unserem ersten Treffen trat das Problem aber deutlich hervor. Die ganze äußere Sicherheit dieser Frau basierte auf einer inneren Unsicherheit – ein sehr unglücklicher Zustand. Ein Teufelskreis, der immer mehr äußere Erfolge fordert, um innere „Niederlagen" auszugleichen.

Neben neuen Denkstrategien half dieser Frau am besten folgende Spielregel zu befolgen: „Werde, der Du bist!" So hatte es bereits Nietzsche formuliert. Das Mittel dafür ist einfach. Neben Entspannungsübungen mit Reisen in die eigene Vergangenheit und in mögliche Zukunftsszenarien begann diese Frau wieder, Tagebuch zu schreiben und ließ zu, dass mehr und mehr unterdrückte Gedanken Ihrem Bewusstsein zugänglich wurden. Allein durch die Fähigkeit, ihrer selbst als Mensch bewusst zu werden, wuchs mit jedem Tag und jeder Seite ihres Tagebuchs ihr tatsächliches Selbstbewusstsein. Wenn die Masken fallen und wir uns im Spiegel betrachten und aus ganzem Herzen „ja" zu uns sagen können, dann wird uns keine Situation mehr ängstigen.

Der Mann im Spiegel

Wenn du hast, was du willst, im Kampf um dich selbst, und die Welt dich für einen Tag zum König macht,
so stell dich vor den Spiegel und schaue dich dort an, und siehe, was der Mensch dir zu sagen hat.
Es ist weder dein Vater, deine Mutter, noch deine Frau,
vor deren Urteil du bestehen musst;
der Mensch, dessen Meinung für dich am meisten zählt, ist der,
der dich aus dem Spiegel anschaut.
Einige Menschen halten dich für entschlossen und aufrecht und nennen dich einen wundervollen Kerl.

Doch der Mann im Spiegel nennt dich einen Strolch, wenn du ihm nicht offen in die Augen sehen kannst.
Auf ihn kommt es an, kümmere dich nicht um den Rest, denn er ist bis ans Ende bei dir.
Du hast die schwierigste Prüfung bestanden, wenn der Mann im Spiegel dein Freund ist.
Auf dem ganzen Lebensweg kannst Du die Welt betrügen und dir anerkennend auf die Schulter klopfen lassen;
Doch dein Lohn werden Kummer und Tränen sein, wenn du den Mann im Spiegel betrogen hast.
Es ist wahr, ein Spiegel ist die Welt. Lache und lachende Gesichter sehen dich an.

DALE WIMBROW

REGEL NR. 10:

Ohne Balance werden wir umfallen

Jedes Kind hat gelernt, was Balance heißt. Wir lernten erst zu laufen, als wir fähig waren, unseren Körper auszubalancieren. Balance gehört zu unserem aufrechten Gang. Balance gehört auch zu unserem Leben und der größte Wunsch, der mir auf Managementseminaren entgegengebracht wird, ist, die Balance im Leben wiederzufinden. Viele Menschen, die beruflich erfolgreich sind, haben die Auswirkung dieser Spielregel zu spüren bekommen. Fehlende Freunde, zerrüttete Partnerschaft, Scheidung, Leid und privates Unglück. Ohne Balance funktioniert unser Leben nicht.

Wenn wir uns nur auf einen Bereich im Leben konzentrieren, kommen andere Bereiche zu kurz. Es liegt in der Natur des Menschen, dass er zwischen privaten und beruflichen Bereichen ausgewogen leben muss. Es gibt weitere Bereiche, wie z.B. Lernen, Gesundheit, Geld, Hobbys und Freunde, die im Kapitel 4 noch intensiv angesprochen werden. Als Spielregel gilt: Halten Sie Balance in Ihrem Leben!

Werte sind die Grundlagen unseres Lebens

Neben den Spielregeln gibt es auch unser eigenes „Grundgesetz" (Sie erinnern sich: Grundgesetz = Ordnungsregel die vorschreibt, dass oder wie etwas sein oder geschehen soll). Wenn Sie einmal ein Gesetz näher betrachten oder schon in der Situation waren, eine Satzung oder auch einen Vertrag zu gestalten, dann stellen Sie fest, dass es sich hierbei letztendlich immer um die Ausformulierung von Werten handelt, denen sich alle Beteiligten verpflichten. Für das Grundgesetz von Deutschland können wir uns nicht freiwillig verpflichten oder es ablehnen, sondern unterliegen als Bundesbürger quasi per Geburt diesem Gesetz.

Die deutliche Unterscheidung von Gesetzen und Spielregeln liegt darin, dass Gesetze von Menschen gemacht werden und somit auch verändert werden können. Spielregeln sind hingegen nicht von Menschen gemacht. Sie sind einfach da und können von uns nicht geändert werden. Im täglichen Umgang mit beiden gibt es allerdings keine besonderen Unterschiede. Wir sollten uns bemühen sowohl die Spielregeln, als auch unser eigenes Gesetz einzuhalten.

Um Ihrem eigenen Grundgesetz näher zu kommen, sollten Sie sich fragen:

„Was sind die höchsten Prioritäten in meinem Leben?"

Ein Beispiel für die Bedeutung der eigenen zugrunde liegenden Werte beschreibt Hans-Olaf Henkel, ehemaliger Präsident des Bundesverbandes der Deutschen Industrie, in seinem Buch „Die Macht der Freiheit"

„Erst als ich dieses Buch schrieb, habe ich mich richtig kennen gelernt.
Vielleicht habe ich es auch nur geschrieben,
um mich kennen zu lernen.

Bei der Arbeit habe ich manche Überraschung erlebt. So fiel mir beispielsweise auf, dass sich ein roter Faden durch mein Leben zieht: Die Suche nach Freiheit....Freiheit ist für mich das höchste Gut und sie ist ansteckend. Freiheit ist eine Macht, die nur der entdeckt, der sie sich erarbeitet."

Folgende Übung soll Ihnen helfen, Ihren eigenen Werten näher zu kommen.

Übung 3: **Werte – Ihr persönliches Grundgesetz**

Um Ihren persönlichen Werten und somit Ihrem eigenen Grundgesetz näher zu kommen, stellen Sie sich die Frage, was Ihnen wirklich wichtig ist. Was sind Werte, die Sie antreiben. Sind es Freiheit und Unabhängigkeit? Sind es Liebe, Harmonie, Schönheit oder Geld? Was immer es ist, es ist wichtig zu wissen, was uns antreibt, welche Werte uns motivieren. Um Ihren Werten näher zu kommen, kann Ihnen folgende Übung sehr helfen.

1.) Nehmen Sie sich fünf bis zehn Minuten Zeit und legen Sie sich einen Markierungsstift bereit.

Markieren Sie 50 von den dargestellten 100 Werten, die für Sie wichtig sind.

Ehrlichkeit (9)	Frieden (1)	Entwicklung (2)
Wettbewerb (3)	Bildung (2)	Kultur (8)
Gesundheit (5)	Führung (3)	Kinder (7)
Freundschaft (6)	Optimismus (1)	Verständnis (9)
Mut (9)	Geselligkeit (6)	Kunst (8)
Sicherheit (4)	Macht (3)	Genialität (2)

54

Vitalität (5)	Liebe (7)	Autorität (3)
Finanz. Gewinn (4)	Geist (2)	Genuss (5)
Freizeit (8)	Reichtum (4)	Denken (2)
Sinn (1)	Individualität (9)	Selbstachtung (9)
Status (4)	Disziplin (9)	Kreativität (2)
Ethik (1)	Ruhm (3)	Aktivität (5)
Spaß (8)	Willenskraft (9)	Fleiß (9)
Erholung (8)	Hilfsbereitschaft (6)	Geld (4)
Ruhe (8)	Verantwortung (9)	Loyalität (6)
Karriere (3)	Fitness (5)	Lebensfreude (7)
Persönlichkeit (9)	Altersversorgung (4)	Ordnung (9)
Sexualität (7)	Familiensinn (7)	Intuition (1)
Kompetenz (2)	Gewissen (1)	Dankbarkeit (9)
Spiritualität (1)	Zuverlässigkeit (9)	Sammeln (8)
Freundlichkeit (6)	Hingabe (7)	Pünktlichkeit (9)
Wissen (2)	Besitz (4)	Zärtlichkeit (7)
Schönheit (5)	Ausgeglichenheit (5)	Religion (1)
Philosophie (2)	Würdigung (9)	Kontaktfähigkeit (6)
Gerechtigkeit (9)	Wohlstand (4)	Gelassenheit (9)
Wahrheit (2)	Sparsamkeit (4)	Reisen (8)
Gemeinschaft (6)	Selbstbewusstsein (9)	Abwechslung (8)
Respekt (6)	Fürsorge (7)	Energie (5)
Stärke (5)	Herausforderung (3)	Unabhängigkeit (4)
Begeisterung (9)	Leistung (3)	Einfluss (3)
Abenteuer (5)	Geborgenheit (7)	Ausstrahlung (9)
Ausgleich (8)	Integrität (6)	Harmonie (7)
Zielstrebigkeit (3)	Weisheit (2)	Vertrauen (6)

Etwas Gutes und sinnvolles der Nachwelt hinterlassen (1)

2.) Was sind Ihre fünf wichtigsten Werte?

Wenn Sie 50 Werte markiert haben, dann fragen Sie sich: Was sind davon dir mir wichtigsten fünf Werte? Sollten Sie dabei einen Wert vermissen (denn es gibt sicher mehr als 100 Werte), dann schreiben Sie Ihren neuen Wert auf.

Meine fünf wichtigsten Werte:

1._____

2._____

3._____

4._____

5._____

Auf die Bedeutung der Zahlen hinter den Werten kommen wir noch in einer späteren Übung. Für jetzt ist es nur von Bedeutung, dass Sie wissen, welche Werte Ihnen wichtig sind.

3.) Schreiben Sie Ihr persönliches Grundgesetz.

Nutzen Sie diese Erkenntnis, um Ihr eigenes Grundgesetz zu schreiben. Sie haben die Freiheit festzulegen, wie Ihr Leben sein soll, welche Werte Sie leben wollen, wie und wann.

Nehmen Sie sich Zeit und schreiben Sie anhand Ihrer Werte auf, nach welchen Gesetzen Sie in Ihrem Leben handeln wollen.

Mein persönliches Grundgesetz:

Ende der Übung 3: Werte – Ihr persönliches Grundgesetz

4. Ziele und Visionen in Balance

WUNSCH ODER ZIEL?

Wir alle haben Wünsche. Sei es nun der nächste Urlaub oder eine Weltreise, die wir einmal im Leben machen möchten. Vielleicht ist es auch ein schönes Haus, ein schnelles Auto oder der „ideale" Lebenspartner – unser Traummann / unsere Traumfrau. Andere Wünsche können unsere Ausbildung, unser Aussehen oder die Art und Weise, wie wir sind, betreffen.

Was sind Ihre Wünsche?
Was möchten Sie tun, haben oder sein?

Bevor Sie eine Struktur kennenlernen, die Ihnen hilft, diese Fragen zu beantworten, überlegen wir zuerst, was denn der Grund unserer Wünsche ist. Denn eine wesentliche Frage bedenken die meisten Menschen nicht:

Sind es Ihre Wünsche oder die Wünsche anderer?

Wenn es wirklich Ihre Wünsche sind, wird eine weitere Frage für die Umsetzung wichtig:

Sind es Wünsche oder Ziele?

Was ist der Unterschied?

Dieser Unterschied entscheidet immerhin, ob es ein Leben lang Wünsche bleiben, oder ob Sie diese Wünsche auch tatsächlich realisieren. Ich sehe darin einen entscheidenden Unterschied. Aber dazu eine kleine Geschichte aus dem Jahre 1940: Ein 15-jähriger Junge dachte abends über sein Leben nach. Viel hatte er von älteren Menschen darüber gehört, was sie in ihrem Leben alles falsch gemacht haben. Gerade an diesem Abend klagte ihm seine Großmutter ihr Leid über all die verpassten Chancen im Leben. Er wollte nicht, dass es ihm auch so geht und so begann er an diesem Abend, sich vorzustellen, wie sein Leben sein soll. Er nahm sich einige paar Blätter Papier und schrieb sich alle Wünsche für sein Leben von der Seele. Er schrieb bis tief in die Nacht und brachte 127 Wünsche zu Papier.

Folgendes stand unter anderem auf dieser Liste:

In meinem Leben will ich ..., ... 10 Flüsse erforschen und... 10 Berge besteigen... fliegen lernen... auf Marco Polos Spuren wandeln... bei der Pasadena Rose Bowl Parade mitreiten... Arzt werden... die Bibel lesen... alle Werke von Platon, Aristoteles, Charles Dickens und Churchill lesen... mit einem U-Boot tauchen... Flöte spielen und auch... Geige spielen können... das Leben der Adler erforschen... in einer Mission arbeiten... heiraten... Kinder haben... die ganze Encyclopedia Britannica lesen...und vieles mehr.

Dies waren nur 16 der 127 Ziele, die sich der Junge mit dem Namen John Godhard in seinem Leben vorgenommen hatte. Wünsche und Träume eines Jungen werden Sie nun denken. Vielleicht meinen Sie auch, dass daran nichts besonderes ist. Ist es aber, denn, ohne es zu wissen, hat der junge John bereits den wichtigen Unterschied zwischen Wunsch und Ziel herausgefunden. Wenn ich heute gestandene Unternehmer im Seminar zu diesem Thema befrage, stelle ich immer wieder fest: Fast alle haben lediglich Wünsche und die wenigsten Ziele.

Interessant ist aber, wie die Geschichte weiterging. Im Jahre 1972, also 32 Jahre später stand John Godhard auf der Titelseite eines amerikanischen Magazins. Der Grund: Er hatte bereits 103 seiner 127 Wünsche, die Ziele waren, erreicht.

Was macht nun den Unterschied aus?

Was unterscheidet einen Wunsch von einem Ziel?

- Ziele stehen auf dem Papier, Wünsche schwirren im Kopf
- Ziele sind konkret, Wünsche nebulös

- Ziele haben einen Zeitpunkt, Wünsche nicht
- Ziele sind verbindlich, Wünsche nicht
- Ziele sind messbar, Wünsche lassen alles offen

Nun, haben Sie Wünsche oder Ziele?

Diese Frage hört sich einfach an, aber im Alltag stelle ich bei gestandenen Unternehmerpersönlichkeiten immer wieder fest, dass hier der erste Irrtum vorliegt. Wenn ich im Seminar frage, „Haben Sie Ziele?", bekomme ich – begleitet durch ein intensives Nicken aller Reihen – die Antworten schnell und heftig: „Na klar haben wir Ziele!".

Meine Antwort verwundert dann meistens: „Gut! Zeigen Sie mir bitte Ihre Ziele." Die kleine Verwirrung, die entsteht, ist bezeichnend für den Unterschied zwischen Wünschen und Zielen. „Wie kann man denn Ziele zeigen?", „Klar, ich habe folgende Ziele,...." und dann beginnt eine Aufzählung. „Bitte nicht erzählen, sondern zeigen," muss ich oft unterbrechen. Meistens ist das nicht möglich, da Ziele in der Regel nicht aufgeschrieben werden. Wie wollen wir sie aber erreichen, wenn wir unsere Ziele nicht immer wieder nachlesen können, um unsere Energie darauf zu verwenden?

Ich behaupte hier nicht, dass Wünsche in unserem Kopf genauso Realität werden können. Ich behaupte aber, dass Sie viel mehr im Leben erreichen könnten, wenn Sie beginnen, diese Wünsche auch aufzuschreiben. Es wird für Sie mit der Zeit auch einfacher herauszufinden, ob es wirklich Ihre Wünsche sind, die dort als Ziele auf dem Papier stehen.

Wie Sie wissen, haben viele Menschen ein Interesse daran, Wünsche in uns zu wecken, die eigentlich gar nicht unsere Wünsche sind.

• Ziele stehen auf Papier, wurden gemalt oder durch Bilder illustriert. Wir können die Energie dieser Ziele immer wieder spüren, wenn wir sie durchlesen oder ansehen. Diese Energie ist für unsere Handlungen und somit für die Erreichung unserer Ziele entscheidend.

- Ziele sind konkret, genau beschrieben, am besten mit einem Zielfoto illustriert. Ein Zielfoto beschreibt durch Worte und Bilder den Zustand, wenn das Ziel Realität geworden ist.

- Ziele haben einen Zeitpunkt. Nur so werden Ziele auch wirklich verbindlich. Wenn Sie ein Ziel formulieren, fragen Sie sich: „Wann werde ich es erreicht haben?"

- Ziele sind verbindlich. Verbindlichkeit heißt dabei, dass ich weiß worauf ich mich einlasse. Ich muss etwas tun, handeln, und je höher ich mir die Ziele stecke, desto entschlossener muss ich sein.

- Ziele sind messbar. Indem Sie Ihren Zielen einen Zeitpunkt gesetzt haben, können Sie in der Zeit bis dahin messen, wie weit sie auf dem Weg zu Ihrem Ziel bereits sind.

Ziele zu haben ist eine Grundvoraussetzung für ein glückliches Leben, das Sie selbst gestalten können.

Werte sind die Grundlage unserer Ziele

Wunschfoto: Traumhaus

Vielleicht sehen Sie viel Grün und eine kleine Parkanlage, die harmonisch Ihr Traumhaus einbettet. Vielleicht ist es schöne alte Bausubstanz, vielleicht auch ein modernes Haus. Nachdem Sie morgens für Ihre Frau und Kinder das Frühstück gerichtet haben und in Ihrer großen Bibliothek in Ihrem Lieblingssessel gleich vor dem großen Fenster mit wunderschönem Blick nach draußen die Zeitung gelesen haben, stehen Sie auf dem Balkon neben dem gedeckten Frühstückstisch, die Sonne lacht und eine angenehme Brise weht vom See her. Ihre Kinder spielen im Garten und Sie freuen sich schon auf eine kleine Segeltour mit Ihrer Familie in Ihrem Boot, das friedlich am Steg plätschert. Die Vögel singen, und Sie genießen die erwachende Natur ...

So könnte ein Traumhaus aussehen. Es fällt uns in der Regel leicht, uns unsere Wünsche auch bildlich vorzustellen. Aber was verbirgt sich hinter diesen Wünschen? Wie kommen wir eigentlich auf diese bestimmten Bilder und nicht auf andere?

Diese Bilder hängen mit unseren Werten zusammen. Stellen Sie sich doch dieses Beispieltraumhaus vor! Es steht in der Natur, abseits von anderen Häusern, das für eine hohe Bedeutung der Werte Natürlichkeit, Freiheit und Unabhängigkeit steht. Ihre Kinder können im Garten spielen, sie verwöhnen Ihre Frau mit Frühstück, was dem Wert der Familie entspricht. Sie haben eine Bibliothek, welche die Werte Lernen und Wissen unterstreicht. Sie sehen auf einen See und ihr Segelboot und freuen sich darauf, Spaß zu haben und Ihr Hobby mit Ihrer Familie teilen zu können. Natürlich symbolisiert ein derartiges Haus auch Wohlstand und Werte von beruflichem und finanziellem Erfolg.

Sie finden eine ganze Reihe von Werten in diesem kurz beschriebenen Wunschhaus.

Werte des Zielfotos: Traumhaus

Natürlichkeit, Freiheit, Unabhängigkeit, Wohlstand, Wissen, Familie, Kinder, Freude am Leben, Aktivität, Hobby, Ausgeglichenheit, Schönheit,...

Werte und Ziele gehören zusammen. Werte sind die Grundlage unserer Ziele, die letztlich nur der Spiegel unserer Werte sind. Unsere Wünsche und Ziele entspringen dem menschlichen Streben nach der Realisierung unserer Werte. „Materie ist geronnener Geist" formulierte Albert Einstein. Ziele verfolgen heißt Werte leben.

Die Formulierung unserer Ziele

Bevor Sie daran gehen, Ihre Wünsche in Ziele umzuwandeln und aufzuschreiben, sollten Sie ein paar Anregungen aus der englischen Literatur nutzen, wie Ziele klug formuliert werden können. Eine kluge (smart) Formulierung schlug Hyrum W. Smith mit der SMART-Methode vor. Diese Formulierungshilfe spiegelt zum großen Teil genau die Unterschiede wider, die Ziele gegenüber Wünschen ausmachen.

SMART steht dabei für die englischen Worte:

Specific (spezifisch), also eine genaue Formulierung

Measurable (messbar), Ziele im Unterschied zu Wünschen sind messbar

Action-oriented (aktionsorientiert), es muss auch gehandelt werden können

Realistic (realistisch), wobei „realistisch" das gerade noch Machbare ist

Timely (terminiert), mit ganz konkretem Zeitpunkt, wann das Ziel erreicht sein wird

Ziele sollen spezifisch sein und genau formuliert werden. „Ich möchte schlanker sein" ist wesentlich ungenauer, als „Ich möchte in den nächsten drei Monaten zehn Kilo abnehmen". Oder, um bei der Gesundheit zu bleiben, ist „Ich möchte mehr Sport treiben" ungenau im Vergleich zu „Ich laufe jeden Morgen 30 Minuten".

Ziele sollen auch messbar sein, was sowohl bei der genauen Angabe des Gewichtes, als auch beim Laufen (30 Minuten und jeden Tag) der Fall ist.

Aktionsorientierte Ziele beschreiben genau, was ich zu tun habe. Wenn wir die Qualität unserer Arbeit steigern wollen, können wir genau beschreiben, welche Faktoren verbessert werden sollen und wie wir diese Qualität messen wollen. Aber wir wissen noch nicht, was wir selbst dafür tun wollen. Da es darum geht, was Sie tun können, ist es wichtig, dies auch bei der Formulierung der Ziele zu beschreiben.

„Realistische Ziele" heißt nicht, dass wir bescheiden sein oder an unseren alten Grenzen festhalten sollen. Es heißt aber, dass die Formulierung in Übereinstimmung mit unseren Werten und den natürlichen Grundgesetzen erfolgen soll.

Ziele sind Wünsche mit Termin. Wir brauchen eine klare Zeitschiene für unsere Ziele, damit sie verbindlich werden und Aktionen bewirken. „Ich möchte einen Halbmarathon laufen" hat wesentlich weniger Ausstrahlung, als: „In einem halben Jahr laufe ich meinen ersten Halbmarathon."

Die Struktur der Ziele

Neben einer klugen (smarten) Formulierung unserer Ziele sollten wir diese auch klug strukturieren. Meistens wird eine grobe zeitliche Einteilung in kurzfristige und langfristige Ziele vorgenommen. Aber diese Einteilung ist ungenau. Es gibt außerdem noch weitere Merkmale. Wenn wir Ziele formulieren, sollten wir drei wichtige Eigenschaften berücksichtigen:

• Die HTS-Eigenschaft des Ziels
• Ziele betreffen einen Lebensbereich
• Die zeitliche Einteilung von Zielen

Diese drei Merkmale können Sie bei jedem Ihrer Ziele feststellen und – egal wie Sie vorgehen –, können Sie sie für eine ordentliche Einteilung und Beschreibung Ihrer Ziele verwenden. In der Übersicht sieht diese Struktur, wie im Folgenden dargestellt aus:

Mit HTS-Eigenschaft ist gemeint, ob es sich um ein „Haben-Ziel",
ein „Tun-Ziel" oder ein „Sein-Ziel" handelt. Geht es darum, etwas
zu besitzen, zu tun oder zu sein?

In der nächsten Stufe fragen Sie sich, zu welchem Lebensbereich
das Ziel gehört. Bisher unterteilen wir unsere Lebensbereiche
meistens nur in „beruflich" und „privat". Es gibt aber wesentlich
mehr, wie Sie in den nachfolgenden Kapiteln noch sehen werden.
Die oberste Stufe ist dann die Frage nach der Zeit. Um mehr
Ordnung in die zeitliche Einteilung unserer Ziele zu bekommen,
wurden im Rahmen von „LebensStrategie" die „7 Horizonte" entwickelt.

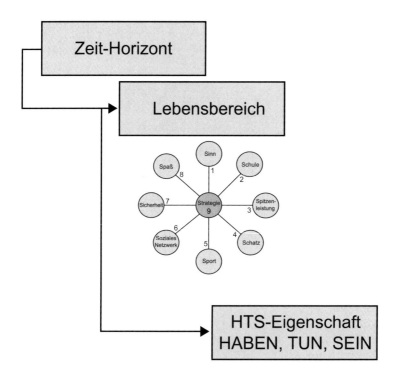

Die HTS-Eigenschaft von Zielen: Haben, Tun oder Sein

Ziele charakterisieren sich durch das, was wir damit „machen". Viele Ziele beschreiben ganz einfach Dinge, die wir gerne haben wollen. Ein bestimmtes Haus, ein Auto oder eine schöne Uhr. Bei anderen Zielen geht es darum, etwas zu tun, zu leisten oder zu lernen. Wir wollen mehr Sport treiben, eine bestimmte Ausbildung absolvieren oder in andere Länder reisen. Wieder andere Ziele beschreiben den Menschen, den wir eigentlich darstellen wollen. Wenn es uns um mehr Selbstsicherheit geht, um die Fähigkeit vor großen Menschenmengen sprechen zu können, eine positive persönliche Ausstrahlung zu besitzen, liebevoll mit Menschen umzugehen oder in innerem Frieden zu leben.

Wichtig ist, dass von allen Merkmalen etwas auf unserer Liste steht. Oft dominieren die „Haben-Ziele", da diese meist auch am einfachsten zu beschreiben sind. Menschen mit sehr vielen „Haben-Zielen" sollten sich einmal vorstellen, was sein wird, wenn sie alles haben. Meistens will man dann lediglich noch mehr und kommt nicht zur Ruhe.

Das liegt daran, dass mit „Haben-Zielen" die Werte, die wir damit verbinden, am schlechtesten realisiert werden. Wie wir bei unserer Identitätssuche schon gesehen haben, hängen unsere Ziele sehr eng mit unseren Werten zusammen. Daraus ergibt sich eine natürliche Prioritätenliste dieser Zieleigenschaften, denn mit jedem Ziel verbinden wir Werte, die wir verinnerlichen wollen. Mit Gegenständen sind wir aber am weitesten entfernt von der Verinnerlichung von Werten. Das ist auch der Grund dafür, dass uns Statussymbole noch lange nicht den Status verleihen, den wir damit symbolisieren wollen. Menschen, die versuchen, ihre Wertigkeit so zu definieren, bleiben unsicher und ohne Selbstbewusstsein.

Mit dem TUN kommen wir der Verwirklichung unserer Werte schon näher. Ganz egal, ob wir einen akademischen Titel haben, weit gereist sind oder ein Unternehmen leiten, fällt es uns dadurch schon leichter einen gewissen Status zu erlangen. Dennoch bleiben wir ein Stück von der Verwirklichung unserer Werte entfernt. Erst das SEIN hilft uns, unsere Werte zu verinnerlichen. Dieses Selbstbewusstsein strahlt in dem Maße aus, als zum Beispiel ein ganz schlichter Mönch mit seinem Charisma bedeutende Filmstars oder Manager überstrahlen kann, und diese dann antreten, um SEIN und Sinn von ihm zu lernen.

LEBENSBEREICH:

Ziele in Balance (Das 9 S-Modell der Lebensbalance)

Die Gradwanderungen des Lebens gleichen oft denen im Gebirge, daher ist Balance wichtiger als Zielstrebigkeit.

„LebensStrategie" bietet neben der zeitlichen Struktur für unsere Ziele eine weitere Struktur für unsere Lebensbereiche. In der Regel unterscheiden wir zwischen „beruflich" und „privat". Diese Einteilung hat sich in der Praxis bewährt, aber meistens verwenden wir zu viel Zeit beruflich und zu wenig privat. Wir wissen auch noch um andere Bereiche, wie Familie, Freunde, Hobbys, persönliche Weiterentwicklung, Sport und Gesundheit. Doch in der Hektik des Alltags verlieren wir leicht die Übersicht über diese Lebensbereiche und vergessen die Einschätzung, was für unser Leben wichtig ist und was nicht. So stören wir das Gleichgewicht zwischen den wichtigen Bereichen in unserem Leben.

Dieses Gleichgewicht ist die Balance, die Ausgeglichenheit, die wir brauchen, um wirklich glücklich zu sein. Ich habe noch keinen Menschen kennen gelernt, der sich auf nur einen Lebensbereich konzentriert und dabei glücklich ist. Das Gegenteil ist der Fall. Oft fordert der Beruf zuviel Kraft und Zeit, und wir stellen alle anderen Lebensbereiche hintan. Mit der Zeit werden derart gestresste Menschen unglücklich und geraten aus Ihrer Balance.

Worte wie „Burnout", „Workaholic", „Stress", „Überforderung" und "Arbeitsdepression" sind geläufige Begriffe für dieses Phänomen.

Vergleichen wir es mal mit einer Wohnung: Bei manchen Menschen wird nach folgendem Prinzip „geordnet": Alles, was herumliegt, wird in eine einzige große Schublade geworfen. Nach außen mag die Wohnung ordentlich erscheinen, innen herrscht allerdings das Chaos. Ob Arbeitsunterlagen, Waschmittel, Kleidung oder Nahrung, alles finden Sie in dieser einen, großen Schublade. Hier zu leben, wird mit der Zeit keinen großen Spaß machen.

Wenn wir diese Schublade unser Leben nennen und die Ziele aller Lebensbereiche für Tage, Wochen, Monate, Jahre und längere Zeiträume in eine Schublade werfen, dann haben wir keine Chance, richtig erfolgreich zu sein. Vor allem werden wir mit der Zeit die Freude am Leben verlieren. Uns fehlen die Übersicht und die Ordnung in unserem Leben. Wir können keine Strategie entwickeln und anwenden. Wir brauchen Übersicht, um planen und umsetzen zu können.

Bevor wir uns also mit Zielen beschäftigen, brauchen wir (neben der zeitlichen Einteilung in unsere „7 Horizonte") ein zweites Kriterium für Ordnung, um die Balance in unserem Leben auch erreichen zu können: unsere Lebensbereiche.

Um ein ganz einfaches und vollständiges Modell unserer Lebensbereiche zu entwickeln, betrachten wir die Teile, aus denen wir Menschen bestehen:

Seele, Geist, Körper und Herz.

Mit unserer Seele wird der spirituelle und religiöse Teil in uns angesprochen. Die Seele steht aber auch für „innere Stimme", Gewissen und Intuition. In meinem Buch „Charisma" hatte ich bereits die Intuition als eine der wichtigen drei Persönlichkeitsmerkmale angesprochen. Dieser natürliche Kompass wird im Alltag leider oft vernachlässigt. Wir verlernen, auf unsere innere Stimme zu hören und unserem Gewissen zu folgen. Aber gerade dieser Bereich hat viel mit den beschriebenen Spielregeln des Lebens zu tun. Wir wissen eigentlich immer, was gut und schlecht ist. Unsere innere Stimme würde es uns sagen, wenn wir darauf hörten. Der Lärm des Alltags übertönt aber diese Stimme und somit diesen sensiblen Bereich unseres Lebens.

Der Geist ist Teil unseres Denkens. Alles, was geschaffen wurde, war zuerst ein Gedanke. Bei unserer persönlichen Strategie werden wir noch intensiv auf dessen Fähigkeiten eingehen.

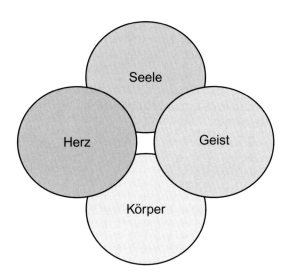

Der Körper vertritt das Materielle im Leben, wie zum Beispiel Gesundheit, Fitness, aber auch unseren Besitz. Im Bereich des Herzens wohnen unsere Gefühle, emotionale Bindungen, aber auch die Freude und Begeisterung am Leben und an dem, was wir tun. Wie können wir die vier großen Bereiche unseres Lebens beschreiben:

– Aus der Seele entspringen unser Gewissen, unser Glaube an einen Sinn, unsere innere Stimme und unsere Intuition.

– Aus dem Geist stammen unser Selbstbewusstsein und unser freier Wille zu entscheiden, aber auch die Fähigkeit, kreativ zu sein, uns Dinge vorzustellen, die es vorher noch gar nicht gab, und sie zu gestalten, sowie die Fähigkeit, Zustände zu verändern.

– Unser Körper befähigt uns, Dinge umzusetzen und zu handeln, aktiv zu sein und etwas zu bewegen. Wir brauchen unseren Körper um zu verändern.

– Aus unserem Herzen entspringen Liebe, Freude und Begeisterung. Zu der Liebe gehören auch die Hoffnung, Geduld, Respekt und die Würdigung anderer Menschen.

In der Abbildung überschneiden sich die vier großen Bereiche. Diese Überschneidungen sind der Raum für die weiteren Bereiche in unserem Leben und so ergibt sich ein Modell, das folgendermaßen dargestellt werden kann.

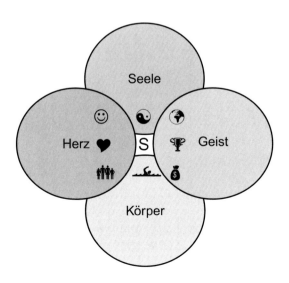

Die fehlenden Bereiche Lernen, Finanzen, Spaß und Soziales Netzwerk können als eigenständige Lebensbereiche eingefügt werden, und so entsteht ein vollständiges Modell der Lebensbereiche. Der Übergang von Seele und Geist wird zum Bereich des Lernens. Lernen führt zu einer Weiterentwicklung des Wissens, aber auch zu einer Weiterentwicklung unserer Seele und Persönlichkeit.

Die Überschneidung von Geist und Körper führt uns zu dem Bereich des finanziellen Wohlstandes und unserer materiellen Wünsche. Zwischen Körper und Herz ist der Bereich unseres sozialen Netzwerkes. Die letzte Überlappung zwischen den Bereichen Herz und Seele wird zum Bereich Freude und Spaß. Freude ist ein Gefühl, erhebt unser Herz aber auch zu dem Göttlichen in uns.

Insgesamt ergibt sich Struktur aus acht verschiedenen Bereichen, die wir für die Entwicklung unserer persönlichen Strategie verwenden können. Das „S" im Mittelpunkt symbolisiert den Bereich unserer persönlichen Lebensstrategie. Es entsteht das 9 S-Modell der Lebensbalance.

☯ SEELE

Das erste „S" des Balancemodells steht für Seele. Das YING-YANG-Symbol steht dabei für die Suche unserer Seele nach dem Sinn unseres Lebens. Wir selbst geben unserem Leben Sinn, indem wir uns Ziele setzen, die Sinn stiften. Bei der Suche nach diesen Zielen müssen wir aber auf unsere innere Stimme hören, die uns leitet. Für unsere Handlungen ist es das Gewissen, das als innere Stimme uns auf die Spielregeln des Lebens hinweist. Wenn wir ein glückliches Leben führen wollen, müssen wir auf diese Stimme unseres Gewissens hören; denn die Verletzung von Spielregeln wird negative Konsequenzen für unser Leben haben. Wenn nicht sofort, dann aber später.

Praktisch umfasst dieser Bereich unser spirituelles Wachstum, unseren religiösen Glauben und die philosophischen Gedanken. Jeden Tag sollten wir uns zumindest ein paar Minuten Zeit nehmen, um unser Leben in der richtigen Relation zu betrachten und um auf die Stimme in uns zu hören. Wir müssen den Lärm des Alltags regelmäßig abstellen. Manche Menschen machen das in einem Gebet oder einer Meditation, andere ziehen einen ruhigen Spaziergang vor. In dieser Zeit können wir uns auch fragen, ob unser Leben ausgeglichen und in Balance ist.

⊕ SCHULE DES LEBENS (WISSEN)

Wir leben in einer Wissensgesellschaft und in einem Informationszeitalter. Das Symbol der Erde beschreibt das zweite „S", das für Schule des Lebens steht. Egal, ob persönlich oder beruflich, das Lernen hört zu keiner Zeit unseres Lebens auf. Wissen ist zum entscheidenden Erfolgsfaktor geworden. Wissen ist bereits mehr wert als Geld. Verlorenes Geld kann durch Wissen leicht neu verdient werden. Verlorenes Wissen in Form von unterlassener Weiterbildung über Jahre ist nicht wieder gutzumachen. Auch hier finden wir ein Beispiel für eine Ursache-Wirkung-Spielregel. Wenn wir nur wenige Jahre aufhören uns weiterzubilden wird unser beruflicher Wert sehr schnell zurückgehen. Wir erleben den Wertverlust dann durch ausbleibende Beförderungen oder sogar durch Arbeitslosigkeit. Die Schuld wird aber meistens woanders gesucht.

Praktisch heißt dieser Bereich Lernen und Weiterbilden. Für die persönliche Weiterbildung stehen so viele Möglichkeiten zur Verfügung wie nie zuvor. Ob durch Seminare, Abendschulen, Videos, Computer, Audio oder Bücher, die Möglichkeiten der Weiterbildung sind fast grenzenlos. Wie viele Bücher lesen Sie pro Monat? Diesem Bereich müssen wir große Aufmerksamkeit schenken. Es ist ein aktiver Bereich. Wir müssen also die Möglichkeiten ergreifen und Ziele für unsere persönliche Schule des

Lebens festlegen. Wir müssen lernen, dass wir ein Leben lang lernen müssen. Für alle privaten Lebensbereiche und beruflichen Bereiche in Unternehmen gilt:

Die Fähigkeit zu lernen ist ein wirklicher Wettbewerbsvorteil.

🏆 SPITZENLEISTUNG
(Berufliche Leistung)

Die Dienstleistung wird als Wirtschaftssektor in den nächsten Jahren noch mehr wachsen als bisher. Darin besteht eine große Chance für jeden von uns. Dienstleistung in welchem Beruf auch immer können wir beeinflussen, indem wir unsere eigene Einstellung dazu ändern. In unserem Beruf kommt es darauf an, bessere Leistung in immer kürzerer Zeit zu erbringen; nicht weil ein Chef es will, sondern weil der Markt es fordert.

Jeder, der eine eigene Firma führt, oder in höherer Managementposition tätig ist, weiß, wie wichtig es ist, immer besser zu werden. Wer aufhört, besser zu werden, wird im Laufe der Zeit auch nicht mehr gut sein. Wenn wir „kontinuierlich besseren Nutzen bieten", wird aus unserer Leistung wahre Spitzenleistung werden. Die Welt ist voll von Mittelmaß und jeder einzelne hat dadurch die Chance, in seinem Leben wirklich einen Unterschied zu machen, nämlich durch die Bereitschaft, Spitzenleistung erbringen zu wollen.

Praktisch ist dies unser beruflicher Bereich, für den unsere meiste Zeit verwendet wird. Um unser Leben in Balance zu bekommen, müssen wir lernen, in diesem Bereich dieselbe Leistung in viel weniger Zeit zu erreichen.

💰 SCHATZ
(Finanzielle Sicherheit und materieller Wohlstand)

Für das vierte „S" symbolisiert der Geldsack den Bereich der Finanzen. Bei der Überschneidung von Leistung und Körper geht es um finanzielle Sicherheit, um das Management unserer persönlichen Finanzen und den Einklang zwischen Wünschen und finanziellen Möglichkeiten. Sowohl in der Geschäftswelt, als auch für die persönliche Strategie ist es jeden Tag erneut wichtig, dass wir unsere finanzielle Situation hauptsächlich durch unsere Ausgaben definieren.

Ein Großteil unserer Bevölkerung ist überschuldet. Der Kauf auf Raten wird immer beliebter und die finanzielle Abhängigkeit immer größer. Das alles sind Anzeichen dafür, dass Menschen ihre finanzielle Situation nicht planen und sehr wenig darüber nachdenken. Nicht das Geld, das wir verdienen, macht uns reich, sondern nur das Geld, das wir jede Woche übrig behalten.

SPORT 🏊
(Gesundheit, Fitness und körperliches Wohlergehen)

Unser Körper steht in dem Bereich Sport, dem fünften „S", für Gesundheit und Fitness, aber auch für das Genießen unseres Körpers. Dazu zählen Pflege genauso wie Entspannung. Wieviel Zeit in diesen Bereich investiert wird, ist unterschiedlich.

Bei beruflich sehr beanspruchten Menschen ist es meistens zu wenig Zeit. Auch unsere Ernährung und regelmäßige Gesundheitschecks gehören dazu. Für alle diese Tätigkeiten werden wir Energie und Zeit benötigen, aber es lohnt sich. Denn durch einen leistungsfähigen Körper und blühende Gesundheit bekommen wir die Energie vielfach wieder zurück.

ᛀᛀᛀ SOZIALES NETZWERK

Mit Menschen Kontakt zu haben, Gedanken, Erfahrungen und Emotionen auszutauschen, ist ein wesentlicher und sehr wichtiger Bestandteil unseres Lebens und auch unseres Erfolges. Wir leben in einer Zeit der Teamarbeit. Die Spezialisierung des einzelnen wird immer größer, sodass in Zukunft nur Netzwerke ohne hierarchischen Anspruch wirklichen Erfolg versprechen.

Einzelgänger haben weniger Chancen, Außergewöhnliches zu erreichen, da sie nicht in allen Bereichen alles wissen können. Die aktuellen Probleme sind vernetzt. Folglich müssen auch die Lösungen vernetzt sein. Für Spitzenleistungen brauchen Sie ganz einfach andere Menschen. Sie brauchen ein Netzwerk. Aber nicht nur beruflich ist ein Netzwerk wichtig, auch privat. Wir müssen Entscheidungen treffen und können uns in allen Bereichen unseres Lebens von anderen Menschen inspirieren lassen. Menschen fördern unser Wachstum. Je größer Ihr Netzwerk ist, desto größer werden folglich auch Ihr Wachstum und auch Ihr Erfolg sein.

♥ FAMILIE (Sicherheit)

Die Familie ist die Grundzelle unserer Existenz und wird es auch in jeder modernen Gesellschaftsform bleiben. Wir alle stammen aus einer Familie. Wir alle haben die wohltuende Wärme in der Nähe unserer Eltern gespürt. Für Kinder ist Geborgenheit lebensnotwendig. Für Erwachsene bleibt Geborgenheit ein sicherer Hafen der Ruhe.

Auch wenn in unserem Beruf Stürme toben, ist der Manager gut dran, der Sicherheit und Ruhe in seiner Familie findet. Bindungen zu unseren Eltern, Partnern und Kindern gegenüber sind die stärksten Gefühle, die wir haben können. Oft haben wir einen hohen Werteanspruch in diesem Lebensbereich, investieren jedoch nicht die dafür notwendige Zeit. Nach der Abnabelung von unseren Eltern verbringen wir häufig viel zu wenig Zeit mit ihnen und erkennen dies erst, wenn ein Elternteil stirbt.

☺ SPASS

Eines der wichtigsten Elemente auf dem Weg zum Erfolg und zu einem glücklichen Leben ist „Spaß". Warum gerade dieser wichtige Bereich zu kurz kommt, kann ich zwar begründen, aber nicht verstehen. Jeder der vorhergehenden Bereiche muss Ihnen natürlich Spaß machen. Spaß muss unser ganzes Leben durchziehen, unseren Beruf, das Lernen, die Sinnfrage, Materielles, unseren Körper und allem voran, unseren Freundes- und Familienkreis. Wir werden aber wenig Spaß in all diesen Bereichen haben, wenn wir verlernt haben, wie schön es ist, Spaß bei einer Tätigkeit zu haben. Die Tätigkeiten, bei denen wir Spaß haben, sind unsere Hobbys, sind Kultur und Kunst, sind gute Bücher (keine Fachliteratur) und sind Leidenschaften, denen wir uns als Kinder stundenlang hingeben konnten. Wir vergessen in diesen Augenblicken die Zeit.

Hand aufs Herz, woran sparen wir denn in der Regel, wenn die Zeit knapp wird, wenn wir mit unseren beruflichen Aufgaben nicht mehr nachkommen, wenn wir unseren familiären Verpflichtungen hinterherhinken? Genau: An dem, was uns eigentlich Spaß macht.

Und so beginnt der Strudel nach unten und ich garantiere Ihnen, dass Sie nach und nach auch in den anderen Bereichen immer weniger Spaß haben werden. Ein sehr erfolgreicher Unternehmer hat mir einmal die Geschichte seines Lebens erzählt. Als es hart auf hart kam, er im Begriff war seine Unternehmen zu verlieren, begann er ein altes Flugzeug selbst zu restaurieren. Zweimal die Woche zog er sich für vier Stunden in den Hangar zurück. Verrückt, werden Sie vielleicht denken. Über ihm schien die Welt zusammenzubrechen, er aber hatte verstanden, worauf es wirklich ankommt. Freude am Leben müssen wir dort auftanken, wo wir sofort Freude spüren und das sind unsere Hobbys. Mit dieser Freude ging er zurück an die Arbeit und es wunderte mich nicht zu hören, dass er es geschaffte hatte, sich aus einer aussichtslosen Situation zu befreien. Allein die Freude im Herzen gab ihm die Kraft.

Strategie:

Das „S" in der Mitte des Modells steht für Strategie, also für die Zeit, die wir uns nehmen, unser Leben zu planen und zu gestalten. Es ist schwer zu verstehen, dass Unternehmen mit Organigrammen, Stellenbeschreibungen und Kostenstellen genau organisiert sind und Firmenziele festgelegt werden, aber das Leben vieler Unternehmer vollständig unorganisiert verläuft. Die wenigsten Menschen nehmen sich die Zeit, sich die wirklich wichtige Frage im Leben zu stellen: „Lebe ich das richtige Leben?" und vor allem, dieser Frage auch nachzugehen.

Das 9 S-Modell der Lebensbalance bietet die Struktur, die wir für unsere Lebensstrategie brauchen. Dieses Modell bezieht sich dabei auf unsere Identität, unsere Werte und auch unsere Ziele. Ein riesiger Vorteil dieses Modells ist, die Unterstützung sowohl unserer Identität, als auch unserer Ziele zu bieten.

Die einzelnen Identitätsbereiche können noch unterteilt werden. Wenn wir in unserem beruflichen Leben verschiedene Identitäten haben, so bilden diese Unterbereiche. Ein Beispiel ist, wenn ein Unternehmer mehrere Unternehmen führt, oder eine Führungskraft für den Bereich Marketing und Vertrieb verantwortlich ist.

Mit dem 9 S-Modell können wir nun aber auch unsere Werte strukturieren.

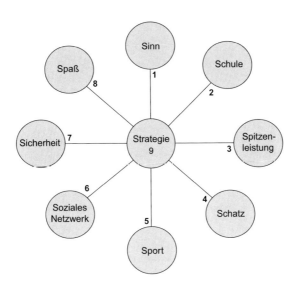

Übung 4: **Die Struktur unserer Werte**

Gehen wir nun auf die Werte ein. Nehmen Sie sich noch einmal die Übung 2 in Ihrem Ordner vor und betrachten Sie die Liste „Momentaufnahme meiner Werte". Nun bekommen auch die Zahlen, die Sie hinter den Werten bemerkt haben, eine Bedeutung. Zur Abkürzung der Bereiche wird diese Einteilung vorgeschlagen, die lediglich im Uhrzeigersinn nummeriert ist. Sie können nun die von Ihnen markierten Werte nach den Nummern sortiert zusammenzählen.

1 (Sinn)	_____	5 (Sport)	_____
2 (Schule)	_____	6 (Soziales Netz)	_____
3 (Spitzenleistung)	_____	7 (Sicherheit)	_____
4 (Schatz)	_____	8 (Spaß)	_____

Dies ist das erste Beispiel dafür, dass Struktur auch der Messbarkeit dient. Wie bereits im letzten Kapitel besprochen, handelt es sich um lauter positive Werte. Sie hätten sicher auch alle angesprochen; aber gerade die Prioritäten, die Sie in diesem Augenblick bewogen haben, den einen Wert anzustreichen und den anderen nicht, liefern Ihnen ein Bild der Gewichtung von Werten in den einzelnen Lebensbereichen. Überprüfen Sie einmal, wie diese Erkenntnis mit den von Ihnen formulierten persönlichen Grundgesetzen übereinstimmt.

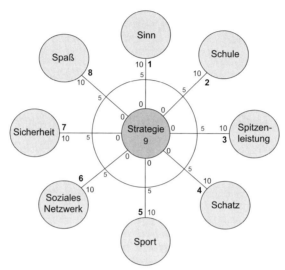

Sie können dazu einen abgebildeten Kreis in das 9 S-Modell ziehen, der den Mittelpunkt einer Skala von 0-10 darstellt.

Die Aufteilung der Werte wurde so gewählt, dass es maximal zehn von jedem Bereich in der Auflistung der Werte gibt. Wenn Sie also in einem Bereich alle Werte markiert haben, können Sie die 10 auf der Achse markieren, wenn gar keinen, dann die 0 und sonst alle Werte in der Mitte. Es ergibt sich so ein „Spinnendiagramm", das als farbiges Feld dargestellt werden kann. Ein Beispiel könnte so aussehen wie auf Seite 79.

In diesem Beispiel fokussiert ein junger Unternehmer sehr stark auf die Fortführung des elterlichen Betriebes. In seinen derzeitigen Wertigkeiten stehen die Fortbildung (er dachte über ein intensives Managementtraining nach), die Leistung im Beruf und die Schaffung materiellen Wohlstands eindeutig im Vordergrund. Sport, Freunde und Familie waren ihm auch wichtig. Der Spaß

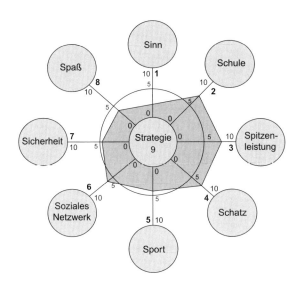

wurde ebenso wie die Frage nach dem Sinn in seiner derzeitigen Lebensphase in seinen Wertigkeiten zurückgestellt. Die Frage „Was ist Ihnen momentan sehr wichtig?" ergibt eine Moment-aufnahme seiner derzeitigen Wertesituation, nicht unbedingt eine Aufnahme der Grundwerte. Oft ist es so, dass wir zwar Grundwerte haben, aber diese nicht leben.

Als weitere Einteilung der acht Lebensbereiche können Sie auch die 8 "F" verwenden. Diese stellen eine weitere Möglichkeit dar, uns die Bereiche leicht merken zu können, so dass Sie bei jeder Planung alle Bereiche des Lebens berücksichtigen. In Klammern sind die Bereiche des 9S-Modells geschrieben:

Frieden (Sinn)   Fortbildung (Schule)
Firma (Spitzenleistung   Finanzen (Schatz)
Fitness (Sport)   Freunde (Soziales Netzwerk)
Familie (Sicherheit)   Freude (Spaß)

Es werden so die "8F" der LebensStrategie.

Ende der Übung 4: Die Struktur unserer Werte

Die „7 Horizonte" unserer Ziele

Wir hatten als wichtigsten Unterschied eines Ziels gegenüber einem Wunsch bereits die zeitliche Verbindlichkeit angesprochen. In welchem Zeitraum möchte ich mein Ziel realisiert haben. Wie teilen wir die Zeiträume bis zum Erreichen unserer Ziele genau ein?

Um unseren Zielen Struktur zu geben, sollten wir Ordnung schaffen. In „LebensStrategie" wurde hierfür das System der „7 Horizonte" entwickelt, um unsere Energie und unsere Zeit besser einsetzen zu können und um das richtige Leben auch richtig leben zu können.

> *Gebrauche die Zeit, sie geht so schnell von hinnen,*
> *doch Ordnung lehrt uns Zeit gewinnen.*
>
> JOHANN WOLFGANG VON GOETHE

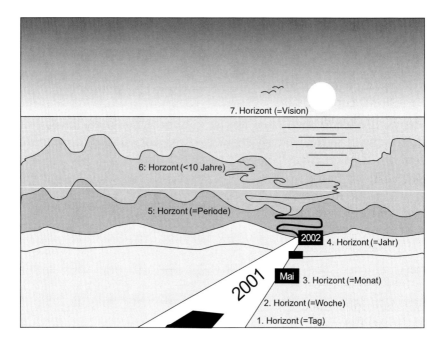

Betrachten wir die Ziele unseres Lebens als Horizonte, so ergeben sich verschiedene Distanzen (Zeiträume) zu unseren Ziel-Horizonten.

Die „7 Horizonte" beschreiben dabei die Zeiträume unserer Ziele auf unserem Weg durchs Leben. Mit der Beschreibung des 7.–5. Horizontes beantworten wir die strategische Frage, ob wir das richtige Leben leben. Die regelmäßige Formulierung des 4.–1. Horizontes beantwortet die zweite strategische Frage, ob wir das Leben richtig leben.

7. Horizont = Lebensziel & Lebensvision

Dort, wo wir am Ende unseres Lebens ankommen wollen, ist unser 7. Horizont. Er ist als einziger etwas ungewiss, denn er entspricht unserer Lebensvision. Eine Vision soll eine große Ausstrahlung haben, und wir sollten mutig sein, diese auch groß zu formulieren. Unsere Lebensvision ist eine Kombination aus Idealismus und Herausforderung, aus zeitlich erreichbaren und vielleicht auch unerreichbaren Werten.

6. Horizont = 21 Jahre

Unsere langfristigen Ziele, die in einem großen zeitlichen Lebensabschnitt liegen (Kindheit, Jugend, Reife, Alter), können entsprechend geplant werden. Diese langfristige Planung besteht aus drei Perioden (5. Horizont).

5. Horizont = 7 Jahre

Der 5. Horizont beschreibt unsere mittelfristigen Ziele oder auch eine Periode in unserem Leben. Sie können die Zeiträume Ihrer Horizonte individuell wählen. „LebensStrategie" schlägt für die Periodenziele nach dem Anthroposophen Rudolf Steiner einen Zeitraum von 7 Jahren vor.

4. Horizont = 1 Jahr

Ein Jahr gibt uns einen längeren Zeitraum, um Ziele zu planen (Jahresziele).

3. Horizont = 1 Monat

Alle Ziele, die wir für einen Monat planen (Monatsziele).

2. Horizont = 1 Woche

Die Ziele, die wir innerhalb einer Woche erreichen können und die wir für eine Woche einplanen (Wochenziele).

1. Horizont = 1 Tag

Unsere Tagesaufgaben und Tagesziele, die wir täglich auf unserem Schreibtisch vorfinden.

Der 7. Horizont

(Unsere Lebensvision)

Wenn man versucht, das Wort „Vision" anhand des Wörterbuches zu definieren, dann stehen dort Worte wie „Erscheinung", „Traumgesicht" und „Vorstellung". Es steht dort nichts von einem zukünftigen Ziel. Damit wird es aber in der bisherigen Erfolgsliteratur oft gleichgesetzt. Wenn wir eine Parallele zu Unternehmen ziehen, ist hier die Vision ein zukünftiger Zielzustand und somit die Grundlage einer Strategie.

Wenn wir das Wort „Vorstellung" aus der Definition verwenden, so bedeutet der 7. Horizont – unsere Lebensvision – die Vorstellung, wie unser Leben sein soll. Wenn Sie es sich praktisch vorstellen wollen, dann blicken Sie in ferner Zukunft zurück auf Ihr Leben und erzählen es so, wie es sein soll. Die Lebensvision ist somit die Antwort auf die Frage: „Lebe ich das richtige Leben?"

Lebe ich es so, wie ich eigentlich leben will? Sieht mein Alltag so aus, wie ich ihn mir erträume? Bin ich jeden Tag aufs Neue begeistert von meinem Leben?

Wenn Sie Ihre Lebensvision gefunden haben und leben, dann müsste die Antwort immer „ja" sein. Was treibt Sie an im Leben? Wofür lohnt es sich zu kämpfen und jeden Morgen energiegeladen aus dem Bett zu springen?

Visionen schenken Energie. Wenn wir ein energiearmes Leben führen oder in energiearmen Unternehmen arbeiten, dann fehlt meistens eine Vision, die auch gelebt wird. Visionen sind das gerade noch Machbare, das Sie aber auch wirklich erreichen wollen. Viele Visionen beschreiben hingegen das falsche Leben, das Menschen gar nicht wirklich leben wollen. Eine Vision fliegt einem nicht einfach zu. Auch wenn Sie noch so schöne Ziele definieren, irgendwo abschreiben oder sich einreden lassen, werden Sie dadurch noch lange nicht mit Energie geladen. Es sind eben nicht *Ihre* Ziele und es ist nicht *Ihre* Vision.

Nehmen Sie sich Zeit, wirklich Ihre Vision zu finden und Ihren 7. Horizont zu beschreiben. Diese Aufgabe klingt einfacher als sie ist. Der 7. Horizont muss in einer Art und Weise beschrieben werden, die Ihren Verstand, Ihr Herz, Ihre Seele und auch Ihren Körper anspricht. Es muss etwas sein, das Ihnen jedesmal ein Kribbeln vermittelt, wenn Sie auf diesen Horizont blicken. Das ist der Anspruch einer richtigen Vision. Ein Kribbeln und zwar jeden Tag. Es geht nicht nur um das große Bild, in das wir alle Ziele integrieren wie in einem Mosaik. Vielleicht ist von Ihren Zielen in Ihrer Vision gar nicht die Rede. Die bisherigen Übungen haben Ihnen bereits Ihre Werte und deren Bedeutung aufgezeigt. Was wäre der Grund dafür, dass Sie jeden Tag voll Freude aufspringen und sich auf das Leben freuen, dass Sie genau wissen, für diese Vision zu leben? Was bringt Sie zum Aufspringen und zum großen „JAA"!

Es klingt vielleicht banal, ist es aber nicht. Ich habe bisher selten Visionen mit Begeisterung vorgetragen bekommen. Meistens sind es langfristige Ziele, die sofort nur unseren Geist ansprechen und wir stimmen mit dem Verstand diesen Zielen zu. Aber Begeisterung und Lebensfreude beinhalten auch unser Herz, unsere Seele und unseren Körper. Visionen verursachen Leidenschaft. Wir legen unsere ganze Identität hinein und machen keine Kompromisse.

„Freude am Leben zu haben und jeden Tag Menschen dabei helfen, diese Freude zu erleben.“

„In Liebe und Freiheit leben, jeden Tag lernen, jeden Augenblick genießen und in der Welt etwas wirklich Wertvolles hinterlassen.“

„Mit einem Menschen, den ich von Herzen liebe, glücklich alt werden. Kinder in Liebe groß ziehen und sehen, wie sie ihr eigenes Leben meistern.“

„Selbstständig sein, und eine kleine aber, erfolgreiche Firma leiten. Viel Zeit für meine Familie und meine Hobbys haben und trotz Schwierigkeiten jeden Tag glücklich und zufrieden leben.“

„Mit meinen Gedanken Menschen bewegen und dazu beitragen, dass diese Welt besser wird.“

Das alles können Komponenten einer Vision sein. Nehmen Sie sich für die Formulierung Ihres 7. Horizontes Zeit. Ist es wirklich das, was Ihr Leben ausmachen soll? Die Übung 5 wird Ihnen bei dem ersten Entwurf Ihrer persönlichen Vision helfen. Nachfolgend habe ich Ihnen zusätzlich ganz unterschiedliche Beispiele von Visionen bekannter Menschen herausgesucht.

Oft und viel lachen; die Achtung intelligenter Menschen und die Zuneigung von Kindern gewinnen;
die Anerkennung aufrichtiger Kritiker verdienen und den Verrat falscher Freunde ertragen;
Schönheit bewundern, in anderen das Beste finden, und die

84

Welt ein wenig besser verlassen, ob durch ein gesundes Kind, ein Stückchen Garten oder einen kleinen Beitrag zur Verbesserung der Gesellschaft; wissen, dass wenigstens das Leben eines anderen Menschen leichter war, weil Du gelebt hast. Das bedeutet nicht umsonst gelebt zu haben.

RALPH WALDO EMMERSON

Bekenntnisse zum Leben

Ich will unter keinen Umständen ein Allerweltsmensch sein. Ich habe ein Recht darauf, aus dem Rahmen zu fallen – wenn ich es kann. Ich wünsche mir Chancen, nicht Sicherheiten. Ich will kein ausgehaltener Bürger sein, gedemütigt und abgestumpft, weil der Staat für mich sorgt. Ich will dem Risiko begegnen, mich nach etwas sehnen und es verwirklichen. Schiffbruch erleiden und Erfolg haben. Ich lehne es ab, mir den eigenen Antrieb mit einem Trinkgeld abkaufen zu lassen. Lieber will ich den Schwierigkeiten des Lebens entgegentreten als ein gesichertes Dasein zu führen; lieber die gespannte Erregung des eigenen Erfolges statt die dumpfe Ruhe Utopiens. Ich will weder meine Freiheit gegen Wohltaten hergeben, noch meine Menschenwürde gegen milde Gaben. Ich habe gelernt, selbst für mich zu denken und zu handeln, der Welt gerade ins Gesicht zu sehen und zu bekennen, dies ist mein Werk. Das alles ist gemeint, wenn wir sagen: Ich bin ein freier Mensch.

ALBERT SCHWEIZER

MISSION

Ein anderes ist das Wie für die Erreichung unserer Ziele. Wie wollen wir uns verhalten, um ans Ziel zu gelangen? Was sind die Verhaltensmuster und Gewohnheiten, die wir etablieren müssen?

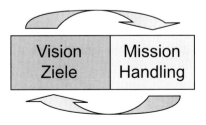

85

Alle diese Fragen werden in der Mission geklärt. Die Mission ist die aktionsorientierte Form unserer Vision. Die Vision beschreibt in Form von Zielen das „Was", die Mission das „Wie".

Vision und Mission gehören zusammen, sie können auch in einer gemeinsamen Formulierung zusammengefasst werden. Versuchen Sie aber im Text Ihrer Lebensvision und -mission beides logisch aufeinander aufzubauen. Zuerst fragen Sie sich, was Sie erreichen wollen, und dann, wie Sie es erreichen können.

Der 6. Horizont

(Langfristige Lebensziele)

Die langfristigen Ziele sollten ähnlich wie Ihre Vision auch das Herz ansprechen und Sie beim Lesen immer wieder aufs Neue mit Begeisterung erfüllen. Gemäß der Zeiteinteilung der „7 Horizonte" sollten diese Ziele einen Zeitrahmen von 21 Jahren umfassen, also drei Perioden des 5. Horizonts mit je sieben Jahren.

Vision und Lebensziele sind auf das ganze Leben bezogen, die langfristigen Ziele haben einen klar definierten zeitlichen Rahmen. Sie können sie grob einteilen in Jugend, Heranwachsen, Reife und Alter. Es ist schwer, die Ziele genau für die nächsten 50 Jahre festzulegen. Somit ist es besser, einen Zeitraum von 21 Jahren zu wählen. Wir unterschätzen dramatisch all die Ziele, die wir allein in einer langfristigen Periode erreichen können. Gehen Sie nur aus Spaß einmal 21 Jahre Ihres Lebens zurück. Was ist da alles passiert?

ÜBUNG 5: Persönliche Vision, Mission und Lebens- ziele-Workshop

Die Entdeckung Ihres 7. und 6. Horizonts

In diesem kleinen virtuellen Workshop geht es darum, dass Sie durch praktische Übungen und Fragen zur Vision, die Sie von Ihrem Leben haben, näher kommen und sie beschreiben können. Wir werden daraus eine Mission ableiten, die alle Verhaltensregeln beinhaltet, um die Vision zu verfolgen. Schließlich leiten wir aus der Vision sowohl die Lebens- als auch unsere langfristigen Ziele ab. Sie entdecken damit Ihren 7. und 6. Horizont, die Ihnen den Weg weisen werden und an denen Sie die Bedeutung Ihrer Tagesaktivitäten messen können.

Dieser virtuelle Workshop besteht aus zehn Übungen. (Decken Sie sich mit viel Papier ein oder verwenden Sie einfach die Vordrucke des Strategie-Ordners des Schmidt Collegs.) Nehmen Sie noch einmal Ihre Ausarbeitungen zu Ihrer Identität und die Formulierung Ihrer grundsätzlichen Werte zur Hand. Wenn Ihnen diese Übungen schwer fallen, so versuchen Sie es nach dieser 4. Übung noch einmal, da der Zugang zu unseren Werten auch über unsere Vision und langfristigen Ziele erfolgen kann.

1. Teil: ***Ein einfacher Entwurf Ihrer Lebensvision***

Betrachten Sie noch einmal Ihre fünf wichtigsten Werte aus der 3. Übung und schreiben Sie zu jedem dieser fünf Werte einen Satz, der erklärt, was Sie mit diesem Wert ausdrücken wollen und wie Sie diesen Wert in Ihrem Leben umsetzen wollen:

1._____

2._____

3._____

4._____

5._____

Auf diese Weise haben Sie ganz einfach einen ersten Entwurf, mit dem Sie im Folgenden arbeiten können und den Sie ergänzen können.

2. Teil: *Freies Vorstellen der Wünsche und Träume Ihres Lebens*

Nehmen Sie sich für diesen Teil Zeit und verwenden Sie viel Papier. Hören Sie sich entspannende Musik an und setzen Sie sich an einen Ort, an dem Sie nicht gestört werden und an dem Sie Ruhe haben. Stellen Sie sich zwei einfache Fragen:

- Was will ich in meinem Leben erreichen?
- Wenn ich alle Wünsche frei hätte, was würde ich mir wünschen?

Beginnen Sie dann alles niederzuschreiben, was Ihnen durch den Kopf geht. Schalten Sie dafür bitte alle anderen Gedanken ab und konzentrieren Sie sich nur auf die Niederschrift Ihrer Gedanken. Tun Sie einmal so, als gäbe es für Sie keine Grenze. Verbannen Sie den kleinen Mann im Ohr, der immer gerne „ja, aber" sagt und Sie auf Ihre Grenzen verweist. Schreiben Sie ohne Grenzen. Denken Sie an den jungen John Goddhard und schreiben Sie alle Ihre Wünsche auf.

3. Teil: *Begeben Sie sich nun in die ferne Zukunft*

In dem dritten Teil der Übung können Sie sich durch ein kleines Gedankenspiel selber helfen, indem Sie sich auf eine Reise in die Zukunft begeben. Andrew Carnegie hat diese Übung ursprünglich eingeführt, indem er empfahl, die eigene Grabrede zu schreiben, um zurückzublicken auf ein Leben wie es in der Zukunft sein soll. Solche Zeitsprünge sind für unser Gehirn wertvoll. Wenn wir die Zukunft als Vergangenheit betrachten, wird sie plötzlich besser vorstellbar. Auch wenn wir sie uns visuell vorstellen, so wie wir es bereits in der ersten Übung getan haben, wird die Zukunft als virtuelle Zeit greifbarer.

Um aber nicht all die traurigen Gefühle einer Beerdigung einzufangen, begeben wir uns lieber auf ein schönes Fest. Sagen wir zu dem Zeitpunkt unseres 90. Geburtstages. Welches Datum wird dies sein? Wie viele Jahre haben Sie noch bis dahin?

Nehmen Sie sich die Zeit und stellen Sie sich die Feier vor. Wo möchten Sie gerne sein? Fühlen Sie sich in eine Situation hinein, in der Sie sich sicher und wohl fühlen. Lassen Sie vielleicht Ihre Enkel oder Urenkel kommen und fragen, was Sie denn in Ihrem Leben so alles gemacht haben. Was werden Sie erzählen?

4. Teil: *Fragen zu Ihren Lebenszielen und langfristigen Zielen*

1. Welchen Sinn werde ich meinem Leben geben?

2. Was werde ich tun, das nach meinem Leben Fortbestand hat?

3. Welche Bedeutung wird es haben, dass ich gelebt habe?

4. Was werde ich in meinem Leben lernen?

5. Welche Ausbildungen und Fortbildungen werde ich abschließen?

6. Welche Anerkennung auf welchem Gebiet werde ich erlangen?

7. Welche Persönlichkeit bin ich geworden? Wie strahle ich auf andere aus? Warum werde ich bewundert? (Möchte ich bewundert werden?)

8. Welche Leistungen werde ich erbringen?

9. Was will ich im Berufsleben erreichen? Aus welcher Position heraus möchte ich in den Ruhestand gehen? Wann soll das der Fall sein?

10. Wie werden sich meine Leistungen auf die Gesellschaft auswirken?

11. Wie werden sich meine Leistungen auf das Leben einzelner Menschen auswirken?

12. Welchen finanziellen Wohlstand werde ich in meinem Leben erreichen?

13. Wie wird die Finanzierung meines Alters aussehen?

14. Wie werde ich meine Familie absichern? In welcher finanziellen Situation werden meine Kinder ins Leben starten?

15. Was möchte ich mir in meinem Leben leisten (Haus, Auto, Schmuck, Kleidung, Sportgeräte, Garten, Bilder, Bücher, Sammlungen, ...)?

16. Was werde ich in meinem Leben sportlich erreichen?

17. Was werde ich für meine Gesundheit tun?

18. Wenn ich mich in ferner Zukunft im Spiegel ansehe, was werde ich sehen?

19. Was werde ich für meinen Körper, meine Schönheit tun?

20. Welche und wie viele Freunde möchte ich in meinem Leben haben?

21. Wie wird mein soziales Netzwerk aussehen?

22. Welche Art von Freund oder Bekannter möchte ich sein? Wenn Menschen über mich sprechen, was werden sie sagen?

23. Welche Familie möchte ich in meinem Leben gründen?

24. Möchte ich Kinder? Wenn ja, wie viele? Was werde ich bereit sein, für sie zu tun? Was ist mir bei der Erziehung besonders wichtig? Welche Art von Mutter/Vater möchte ich sein?

25. Wie groß soll meine Familie in ferner Zukunft sein? Wie soll das familiäre Verhältnis sein?

26. Was möchte ich gerne in meinem Leben erleben, das mir so richtig Spaß macht?

27. Welche Hobbys will ich betreiben?

28. Was werden diese Hobbys zu meiner Persönlichkeit beitragen?

29. Wie will ich persönlich organisiert sein?

30. Was werde ich in meinem Leben tun, um all meine Wünsche zu erreichen?

5. Teil: *Entwurf der persönlichen Vision*

Schreiben Sie nun nach diesen Übungen den zweiten Entwurf Ihrer persönlichen Vision auf.

Wie soll Ihr Leben sein? Entspricht dieser Entwurf Ihren ersten Gedanken zu Ihren Zielen? Wie können Sie diese beiden Visionen ergänzen?

6. Teil: *Langfristige Planung*

Machen Sie sich mit all den Antworten und Zielen, die Sie bisher formuliert haben, ein Bild von der Zukunft. In welchen Zeiträumen sind welche langfristigen Ziele angesiedelt? Verwenden Sie einfach 10-Jahresschritte. Kann Ihre Lebensvision zeitlich eingeordnet werden? (Könnte es sein, dass Sie diese schon wesentlich früher erreichen? Haben Sie wirklich eine Vision formuliert oder nur ein Ziel?)

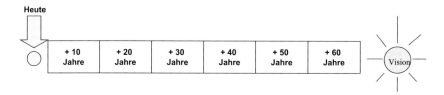

7. Teil: *Mission*

In diesem letzten Teil der Übung geht es darum, dass Sie sich überlegen, wie Sie die Vision und die langfristigen Ziele, die Sie formuliert haben, erreichen wollen.

Zuerst gehen Sie bitte Ihre einzelnen Lebensbereiche und Ihre langfristigen Ziele durch. Welches Verhalten werden Sie brauchen, stärken oder sich aneignen müssen, um die Ziele und Werte in diesem Bereich mit Leben zu erfüllen? Als Zweites überlegen Sie sich, welche Bedeutung dieses Verhalten für Sie hat?

- Was soll durch das Verhalten genau erreicht werden?

- Wie kommen Sie dadurch Ihrer Vision und Ihren Zielen näher?

Legen Sie sich folgende Tabelle an:

Lebensbereich (1-8)	Verhalten	Bedeutung

Nehmen Sie diese Antworten für die einzelnen Lebensbereiche als Grundlage und formulieren Sie Ihre Mission: Wie werde ich meine Vision im Leben umsetzen?

Vision: Was soll sein?	Mission: Wie will ich die Vision erreichen?

Ende der Übung 5: Persönlicher Workshop: Vision & Mission und Lebensziele

Der 5. Horizont

(Periodenziele)

Unsere Vision und langfristigen Ziele stellen den Leuchtturm in der Ferne unserer eigenen Zukunft dar. Leuchttürme stehen fest und symbolisieren ein Ziel für die Schiffe, oft das Ziel des Hafens, in den sie einlaufen wollen. Der Hafen ist die Bestimmung unseres Lebens, unsere Vision. Um diesen Hafen auch aus der Ferne finden zu können, brauchen wir einen Kompass. Jedes Schiff navigiert mit der Hilfe eines Kompasses. Er weist den Weg und stellt ein Instrument zur Orientierung dar.

Zum einen sind unsere grundsätzlichen Werte unser Kompass im Leben, zum anderen haben aber auch unsere mittelfristigen Ziele eine Kompassfunktion, da die Ziele dieses Horizontes zum ersten Mal greifbar werden. Eine Periode hat 7 Jahre und manche Ziele dieser Periode liegen vielleicht drei Jahre in der Zukunft. Sei dies der Abschluss einer Ausbildung, oder die Gründung einer eigenen Firma, sei es eine zukünftige Familie, die erste eigene Wohnung oder das eigene Haus.

Gerade aus diesem Grund, der Kombination von fernen und nahen Zielen, sind die Periodenziele so wichtig. Meistens wird sowohl in Unternehmen, als auch im Privaten die Bedeutung dieses Horizontes unterschätzt. Wir sind zu sehr mit unseren Jahreszielen beschäftigt oder schwelgen in unseren Träumen. Die eigentliche Planung unseres Lebens findet in diesem 5. Horizont statt, dem Horizont unserer wirklich mittelfristigen Ziele. Es hat aber noch einen anderen Grund, warum gerade dieser Horizont so wichtig ist. Dass gerade dieser Horizont so wichtig ist, möchte ich deshalb betonen, weil er mir ein zentrales Anliegen ist, auch wenn ich mich wiederhole:

– Wir überschätzen gewaltig, was wir in einem Jahr schaffen können!

– Wir unterschätzen gewaltig, was wir in einer Periode erreichen können!

Das ist mit ein Grund dafür, warum so viele gute Vorsätze für ein Jahr scheitern. Zum einen müssen sich Ziele aus einer Periodenplanung ableiten und zum anderen kann nicht alles, was wir im Leben erreichen wollen, in ein Jahr gepackt werden. Es kann auch nicht in eine einzelne Periode gepackt werden. Aber wenn Sie Ihre Planung so aufbauen, dass drei Perioden einen langfristigen Planungsblock ergeben, wird deutlich, was sie alles in dieser Zeit schaffen können.

Bei der Periodenplanung verwenden wir konsequent alle drei Aspekte von Zielen.

– die zeitliche Einordnung (Die „7 Horizonte")
– Der betreffende Lebensbereich (9 S-Modell der Lebensbalance)
– die Berücksichtigung der Merkmale (Haben-Tun-Sein)

ÜBUNG 6: Periodenzielplanung

1. Teil: *Analyse der vergangenen Periode*

Machen Sie im ersten Teil eine Analyse der vergangenen Periode oder, so wie oben im Text beschrieben, eine Analyse der letzten beiden Perioden. Das hilft Ihnen, ein Gefühl für diesen Zeitraum zu bekommen und festzustellen, wie viel sich in sieben Jahren ereignet.

– Was von dem, das ich mir in den einzelnen Lebensbereichen vorgenommen hatte, habe ich auch erreicht?

– Was habe ich nicht erreicht? Woran lag das?

(Gehen Sie ruhig die einzelnen Lebensbereiche durch, auch wenn Sie feststellen, dass manche Lebensbereiche zu der Zeit noch nicht von Bedeutung waren und Sie sich nicht auf Ziele in diesen Bereichen konzentriert haben.)

Fragen Sie sich:

1. Was gab meinem Leben in der letzten Lebensperiode Sinn?

2. Was habe ich gelernt oder für meine Weiterbildung getan?

3. Was habe ich beruflich erreicht?

4. Was kam als finanzieller Wert für meine beruflichen Leistungen heraus? Was ist übrig geblieben und stellt meinen Wohlstand dar?

5. Was habe ich für meine Gesundheit getan? Was habe ich sportlich erreicht?

6. Welche Freunde und Menschen habe ich gewonnen?

7. Wie steht es mit meiner Familie? Wie haben wir uns weiterentwickelt?

8. Welche Hobbys habe ich gepflegt oder neu begonnen?

9. Habe ich bereits eine persönliche Strategie entwickelt, Zeitmanagement oder Selbstorganisation gelernt?

2. Teil: *Fragen zur mittelfristigen Periodenplanung*

Nutzen Sie nun die Fragen, die Sie anleiten, sich ganz konkret über die vor Ihnen liegende Periode Gedanken zu machen.

1. Welche Teile meiner Vision und Lebensziele werde ich umsetzen?

2. Welchen Sinn werde ich meinem Leben in dieser Periode geben?

96

3. Was werde ich für meine Weiterentwicklung und Fortbildung tun? Was möchte ich dafür besitzen? Welche private Persönlichkeit möchte ich sein?

4. Welche Leistungen werde ich beruflich erbringen?

5. Welche Werte werde ich erzeugen?

6. Welchen Nutzen werde ich meiner Firma, meinen Kunden und der Gesellschaft bieten?

7. Welche Position möchte ich nach der Periode innehaben? Welche berufliche Persönlichkeit möchte ich sein?

8. Wie soll sich mein Einkommen in dieser Periode entwickeln? (Zeichnen Sie die von Ihnen geplante finanzielle Einnahmenentwicklung!)

9. Welche finanziellen Mittel werde ich ansparen? Was werde ich damit tun?

10. Was möchte mich mir in der nächsten Lebensperiode als Luxus leisten (Haus, Auto, Schmuck, Kleidung, Sportgeräte, Garten, Bilder, Bücher, Sammlungen,...)?

11. Was werde ich in der nächsten Lebensperiode für meine Gesundheit tun?

12. Was werde ich sportlich erreichen? Wer werde ich körperlich sein? Welche Geräte möchte ich dafür besitzen?

13. Welche Menschen, Kontakte und Netzwerke werde ich in der nächsten Lebensperiode gewinnen, pflegen und weiterentwickeln? Was werde ich dafür tun? Gibt es etwas, das ich dafür besitzen möchte?

14. Welche Art von Freund oder Bekannter möchte ich in dieser Zeit sein und werden?

15. Was werde ich in der nächsten Lebensperiode für meine Familie tun? Was möchte ich für meine Familie sein? Was wollen wir für die Familie anschaffen?

16. Was werde ich als Hobby tun und pflegen? Welcher Mensch werde ich dadurch werden? Was möchte ich für meine Hobbys besitzen?

17. Wie will ich persönlich in dieser Periode organisiert sein?

Ende der Übung 6: Periodenzielplanung

Der 4. Horizont

(Die Jahreszielplanung)

Um strategisches Zeitmanagement zu einer alltäglichen Gewohnheit zu machen, beginnen Sie am besten mit Ihrer persönlichen Jahreszielplanung. Hierbei handelt es sich um regelmäßige Eintragungen, die Sie einmal pro Jahr vornehmen. Ob am Ende eines Jahres oder ganz früh im Januar, ist dabei Ihnen überlassen. Wichtig ist, dass Sie diesen Termin fest und verbindlich mit sich selbst ausgemacht haben. Aus welchen Teilen besteht ein solcher Terminplan, den Sie mit sich selbst und vielleicht auch mit Ihrer Familie vereinbart haben?

Jahreszielplanung

- Analyse des vergangenen Jahres
- Blick auf den 5., 6. und 7. Horizont
- Analyse der Identität, Werte und Balance
- Formulierung der Jahresziele
- Planung

Dieser Termin kann gut und gerne einen ganzen Tag einnehmen. Wenn Sie ihn im Rahmen der Familie durchführen, ist ein Wechsel des Ambientes sinnvoll. Sie können einen Urlaubstag dafür nutzen oder auch speziell zu diesem Anlass ein Wochenende verreisen, um sich mit Abstand auf dieses Thema konzentrieren zu können. Ebenso wie bei der Jahreszielplanung einer Firma ist es dabei hilfreich, etwas Distanz zu der gewohnten Umgebung zu haben. Die Elemente der Jahreszielplanung sind dabei die Analyse des vergangenen Jahres und der Blick auf die langfristige Planung (5., 6. und 7. Horizont, unsere Vision). Dies ist auch ein günstiger Zeitpunkt, sich erneut über die eigene Identität Gedanken zu machen und die eigenen Werte und deren Umsetzung in unserem Leben zu hinterfragen.

Planen Sie für das ganze Jahr, beginnen Sie aber mit der Beschreibung der einzelnen Monate. Fassen Sie größere Ziele zu Projekten zusammen und verteilen Sie die Ziele auf die einzelnen Monate. Setzen Sie Meilensteine für Ihre Projekte.

ÜBUNG 7: **Jahreszielplanung**

__Analyse des vergangenen Jahres__

1.) Welche privaten Erfolge im vergangenen Jahr fallen mir spontan ein?

2.) Welche Erfolge hatte ich in meiner Familie?

3.) Welche Erfolge hatte ich in meinem sozialen Netzwerk?

4.) Welche Erfolge hatte ich im gesundheitlichen und sportlichen Bereich?

5.) Welche Erfolge hatte ich bei den Dingen, die mir richtig Spaß machen?

6.) Welche Zeit habe ich besonders genossen? Warum?

7.) Welche Konsequenzen ziehe ich aus den Punkten 1 – 6 für mein Privatleben?

8.) Welche Misserfolge hatte ich im vergangenen Jahr? In welchen privaten Lebensbereichen hatte ich Schwierigkeiten? (Familie, Soziales Netz, Gesundheit, Hobbys)

9.) Welche Konsequenzen ziehe ich aus dem Punkt 8?

10.) Welche beruflichen Erfolge im vergangenen Jahr fallen mir spontan ein?

11.) Welche Erfolge hatte ich in meinem Beruf? Welche Spitzenleistungen habe ich erbracht? In welchen Bereichen meines Berufslebens lagen sie?

12.) Welche Erfolge hatte ich in meiner Weiterentwicklung / Fortbildung (beruflich und privat)?

13.) Welche Erfolge hatte ich finanziell? Um wieviel nahm mein persönlicher Besitz zu? Habe ich Geld investiert? Habe ich etwas für die Absicherung meiner Familie getan? Habe ich Geld gespart, das ich eigentlich ausgeben wollte?

14.) Welche Erfolge hatte ich im Streben, meinem Leben einen Sinn zu geben?

15.) Welche Erfolge hatte ich bei der Entwicklung meiner Strategie, meiner persönlichen Organisation und der Verwendung meiner Zeit?

16.) Welche Konsequenzen ziehe ich aus den Punkten 10.-15. für mein berufliches Leben?

17.) Welche Misserfolge hatte ich im vergangenen Jahr? In welchen beruflichen Lebensbereichen war ich erfolgreich? (Beruf, Weiterentwicklung, Finanzen, Sinn-Frage, Strategie)

18.) Welche Konsequenzen ziehe ich aus Punkt 17?

19.) Welchem meiner großen Ziele kam ich näher?

20.) Bei welchen Zielen kam ich nicht so wie geplant voran?

21.) Welche Konsequenzen ziehe ich aus den Punkten 19 und 20?

Blick auf den 5., 6. und 7. Horizont (Mittel- und langfristige Ziele und Visionen)

22.) Welche Jahresziele aus der Periodenplanung sind noch offen? Was kann ich im nächsten Jahr tun, um diesen Zielen näher zu kommen?

23.) An welchen Zielen aus der Periodenplanung arbeite ich gerade?

24.) An welchen Periodenzielen möchte ich dieses Jahr arbeiten?

25.) Ich lese meine Aufzeichnungen zu Vision und langfristigen Zielen nach. Komme ich diesen näher?

Analyse der Identität, Werte und Balance

26.) Ich gehe in Ruhe die Fragen zu meiner Identität durch (entweder die beantworteten Fragen oder ich nehme erneut die Beantwortung der Fragen des Identitäts-Workshops (Übung 1) vor.

27.) Ich betrachte meine Werte. Welche Werte lebe ich gerade und welche Werte kommen derzeit zu kurz?

28.) Wie sah es im vergangenen Jahr mit meiner Lebensbalance aus? Welche der 9 S des Lebensbalance-Modells habe ich proaktiv mit Leben gefüllt? Welche Bereiche kamen eindeutig zu kurz? Warum kamen sie zu kurz?

Formulierung der Jahresziele

29.) Was werde ich im nächsten Jahr für ein sinnvolles und erfülltes Leben tun?

30.) Was werde ich für meine Weiterbildung tun? Welche Bücher möchte ich lesen? Welche Fortbildung werde ich besuchen? Gibt es Audio-Tapes, die ich anhören kann? Gibt es ein Computer-basiertes Training, das ich absolvieren möchte? Welches Seminar möchte ich besuchen?

31.) Was werde ich im nächsten Jahr tun, um den Wert, den ich für meine Firma und meine Kunden erbringe, noch weiter zu steigern? Welchen Nutzen werde ich anderen Menschen bieten?

32.) Was tue ich im nächsten Jahr für meine Gesundheit? Werde ich mich sportlich betätigen? Möchte ich mich auf einen bestimmten Aspekt meiner Ernährung konzentrieren? Was tue ich für meine Entspannung?

33.) Mit welchen Menschen möchte ich im nächsten Jahr mehr oder neuen Kontakt haben? Was tue ich für mein soziales Netzwerk? Wem danke ich? Welche Feste stehen an? Plane ich eine kurze Reise zur Familie oder zu Freunden?

34.) Was werde ich im nächsten Jahr für meine Familie tun? Wie zeige ich meine Liebe zu meinem Lebenspartner, meinen Kindern und meinen Eltern (Großeltern)? Welche Tage werden allein der Familie gehören?

35.) Was werde ich im nächsten Jahr tun, um so richtig Spaß zu haben? Welchen Urlaub möchte ich machen?

36.) Was werde ich für meine persönliche Strategie tun? Gibt es neue Ziele, die ich formulieren möchte? Gibt es neue Wege zu den formulierten Zielen?

Tragen Sie die Ziele in Ihren Strategie-Ordner für die Jahresplanung ein und erstellen Sie bereits eine grobe Monatsplanung. Was wird in welchem Monat passieren? Stellen Sie sich das kommende Jahr dabei vor (Sie wissen, wie schnell es vergehen wird).

37.) Gibt es in diesem Jahr irgendwelche Gefahren, auf die Sie sich besser vorbereiten können?

38.) Gibt es besondere Möglichkeiten und Gelegenheiten?

Machen Sie sich eine grafische Übersicht, ob mit technischen Hilfsmitteln, oder ganz einfach durch ein MindMap oder eine Zeichnung ist egal. Beim Malen können wir uns das kommende Jahr besser vorstellen und die einzelnen Elemente und Ziele in unserem Bewusstsein verankern.

Ende der Übung 7: Jahresplanung

Der 3. Horizont

(Monatsplanung)

Bei der Planung unseres 3. Horizontes haben wir einen ganzen Monat vor uns. Oft ist es doch so, dass wir in den Kalender sehen und sagen: – „Hoopps, schon wieder ein Monat vorbei!" Falls Sie die papier-basierte Tagesplanung betreiben, werden Sie sich ein wenig Zeit nehmen, um die Einlagen auszutauschen. Nutzen Sie diese Zeit bewusst zur Planung. Die Monatsplanung kann durchaus eine Stunde dauern. Es geht darum, dass Sie sich einmal im Monat intensiv mit Ihrer Jahresplanung beschäftigen und sich auch Ihrer Vision und Ihres persönlichen Grundgesetzes (Ihren grundsätzlichen Werten) versichern. Bisher war es doch immer so, dass wir zwar irgendwie wussten, was wir wollten, aber wir es lediglich mit der Zeit aus den Augen verloren haben. Zum einen haben wir unsere langfristige Planung nicht aufgeschrieben und zum anderen haben wir uns nicht immer wieder „geeicht".

In einem Flugzeug gibt es eine Menge Instrumente und ein großer Teil der Ausbildung von Piloten besteht darin, diese Geräte zu beherrschen. Da ich selbst Privatpilot bin, verwende ich das Beispiel mit dem Kompass, der uns zu unserem Ziel führt, immer wieder sehr gerne. Aber es geht nicht nur darum, einem Kompass zu folgen, sondern diesen auch permanent zu eichen. Neben dem Bordcomputer, dem GPS-System und dem Autopiloten gibt es so genannte Kreiselinstrumente, die durch eine hochfrequente Drehzahl Veränderungen des Kurses bestimmen. Dieser Kreiselkompass muss allerdings vor jedem Start geeicht werden, um den Kurs korrekt anzuzeigen.

Um genau diese Eichung geht es auch in unserer Monatsplanung. Dieser 3. Horizont ist bereits ein sehr operativer Horizont. Die Tage eines Monats fliegen dahin, und die bevorstehenden vier Wochen sind schnell vorbei. Es ist sehr wichtig, sich jeden Monat die Zeit zu nehmen, den eigenen Kompass zu eichen und eine Monatsplanung durchzuführen.

In dieser Monatsplanung geht es um Folgendes:

Monatsplanung

– Analyse des vergangenen Monats

– Analyse meiner Werte (persönliches Grundgesetz) und meines Verhaltens (natürliche Grundgesetze)

– Analyse meiner Lebensbalance (Die 9 S)

– Ziele – Blick auf den 7. Horizont (Lebensvision)

– Ziele – Blick auf den 4. Horizont (Jahresziele)

– Ziele – Formulierung (und Bestätigung) der Monatsziele in allen Lebensbereichen

– Strategie – Zeit zum Nachdenken über Prioritäten

– Strategie – Planung der Ziele

– Strategie – Projektmanagement

Um das zu verdeutlichen folgt eine Übung zur Monatsplanung:

ÜBUNG 8: Monatsplanung

Analyse des vergangenen Monats

1.) Was lief im letzten Monat besonders gut? Was waren die Erfolge? Welche geplanten Aktivitäten sind mir gut gelungen? Welche spontanen Aktivitäten waren erfolgreich? Was ist die Konsequenz für diesen Monat?

2.) Was klappte im letzten Monat nicht so gut, wie ich es geplant hatte? Was waren die Misserfolge? Was ist unvorhergesehen passiert und hat mich von meiner ursprünglichen Planung abgebracht? Was ist die Konsequenz für diesen Monat? Welche Aktivitäten muss ich auf diesen Monat übertragen?

Analyse meiner Werte, Lebensbalance und Zielplanung

3.) Ich lese mein persönliches Grundgesetz (meine Werte) nach. Lebe ich diese Werte?

Verhalte ich mich nach den natürlichen Grundgesetzen?

105

Welche Werte lebe ich gerade und welche Werte kommen derzeit zu kurz?
Welchen Wert wollte ich im vergangenen Monat besonders leben?

4.) Ich zeichne und bewerte meine Lebensbalance des vergangenen Monats. In welchen Bereichen bin ich zufrieden? Welche Bereiche brauchen mehr Aufmerksamkeit und mehr Zeit? Warum kamen diese Bereiche zu kurz? Was mache ich in diesem Monat anders?

5.) Ich überblicke meine Monatszielplanung und meine Projekte des vergangenen Monats. Wo stehe ich? Was habe ich erreicht? Was muss ich auf diesen Monat übertragen? Welche Handlungen sind diesen Monat vordringlich?

Ziele

6.) Ich lese meine Lebensvision und meine Jahresziele (Blick auf den 4. Horizont) nach: Welche Jahresziele sind noch offen? Was kann ich im nächsten Monat tun, um diesen Zielen näher zu kommen? An welchen Jahreszielen arbeite ich gerade? An welchen Jahreszielen möchte ich arbeiten?

7.) Wieviel Zeit werde ich in dem kommenden Monat für meine beruflichen _____ und meine privaten _____ A- und B-Prioritäten verwenden? Gilt für mich die 10+10-Regel oder welche Zeiten sehe ich pro Woche vor? Werde ich es schaffen, mehr Zeit für meine A-Prioritäten zu verwenden? Kann ich andere Menschen in meine B-Prioritäten einbinden?

8.) Was werde ich diesen Monat für ein sinnvolles und erfülltes Leben tun?

9.) Was möchte ich in diesem Monat lernen? Was werde ich für meine Weiterbildung tun? Welche Bücher möchte ich lesen? Über welche Fortbildung werde ich mich informieren? Gibt es Audio-Tapes, die ich anhören kann? Gibt es ein Computer-basiertes Training, das ich absolvieren möchte? Welches Seminar möchte ich besuchen? Welche Veränderung (an meiner Person) möchte ich vornehmen?

10.) Welche berufliche Leistung werde ich in diesem Monat erbringen? Was werde ich hier verbessern? Biete ich meinen maximal möglichen Nutzen? Was werde ich im nächsten Monat tun, um den Wert, den ich beruflich für meine Firma und meine Kunden erbringe, noch weiter zu steigern? Welchen neuen Nutzen werde ich anderen Menschen bieten?

11.) Was tue ich in diesem Monat für meine finanzielle Situation? Gibt es besondere Einnahmen, Sparpläne oder Investitionen? Kann ich mehr Geld sparen? Kann ich zusätzliches Geld einnehmen? Wie sieht meine langfristige finanzielle Planung aus? Entspricht mein Verhalten meinen Zielen?

12.) Was werde ich in diesem Monat für meine Gesundheit tun? Werde ich mich sportlich betätigen? Möchte ich mich auf einen Aspekt meiner Ernährung konzentrieren? Was tue ich für meine Entspannung? Wie werde ich meinen Körper pflegen? Was tue ich für meine gesundheitliche Vorsorge (Vorsorge, Arztbesuch, Zahnarzttermin). Was tue ich für mein persönliches Erscheinungsbild?

13.) Wie werde ich mein soziales Netzwerk und meine Freundschaften pflegen? Wem schreibe ich? Wen möchte ich anrufen oder treffen? Wem danke ich? Wem gratuliere ich zum Geburtstag? Mit wem möchte ich mal wieder ein kleines Fest feiern (Essen gehen)? Plane ich eine kurze Reise zur Familie oder zu Freunden?

14.) Was werde ich im nächsten Monat für meine Familie tun? Welche Zeiträume nehme ich mir ganz bewußt nur für meine Familie? Womit überrasche ich meinen Lebenspartner, Kinder, Eltern, andere? Wie zeige ich meine Liebe zu meinem Lebenspartner und zu meinen Kindern? Welche Aktivitäten stimme ich mit meiner Familie ab?

15.) Was werde ich in diesem Monat tun, das mir richtig Spaß macht? Welches Hobby werde ich pflegen? Welchen besonderen Wunsch werde ich mir in diesem Monat erfüllen?

Strategie

16.) Wann nehme ich mir diesen Monat Zeit zum Nachdenken über Ziele, Prioritäten und Planung?

17.) Was werde ich für meine persönliche Strategie tun? Gibt es neue Ziele, die ich formulieren möchte? Gibt es neue Wege für bereits formulierte Ziele?

18.) Ich vergebe Termine für meine Prioritäten und formulierten Ziele.

Tragen Sie die Ziele in Ihre Monatsplanung ein und stellen Sie sich den nächsten Monat kurz vor. Hilfreich ist es auch, sich eine Monatsübersicht – entweder in Tabellenform oder in einer Kästchendarstellung – zu betrachten.

19.) Gibt es in diesem Monat irgendwelche Gefahren, auf die Sie sich besser vorbereiten können? Gibt es besondere Anlässe, die zu beachten sind?

Es ist hilfreich, sich entweder am Computer oder auf Papier eine Übersicht zu malen und sich Notizen dazu zu machen.

Ob dies mit technischer Unterstützung ist oder ganz einfach ein MindMap oder eine Zeichnung ist ganz egal. Beim Malen können wir uns den kommenden Monat ganz einfach besser vorstellen und die einzelnen Elemente und Ziele in unserem Bewusstsein verankern.

Ende der Übung 8: Monatsplanung

Mit dem 2. und 1. Horizont wird täglich neu gearbeitet. Aus diesem Grund sind sie Elemente des strategischen Zeitmanagements und werden im 6. Kapitel „Strategisches Zeitmanagement" vorgestellt.

5. Denk- und Verhaltensstrategien

An dieser Stelle möchte ich noch einmal deutlich machen, dass „LebensStrategie" nicht nur ein paar neue Techniken beinhaltet, wie Sie noch schneller ans Ziel gelangen. Bei „LebensStrategie" handelt es sich um eine ganz neue Art und Weise, wie wir unser Leben gestalten.

Es geht bei „LebensStrategie" um viele grundsätzliche Veränderungen, die in folgender Liste am besten zum Ausdruck kommen:

Die neuen Grundsätze Ihrer Lebensstrategie:

Alt	-->	**Neu**
Reaktiv	-->	Proaktiv
Wünsche	-->	Ziele
Bindung	-->	Freiheit
Gelebt werden	-->	Leben
Schwerpunkte	-->	Lebensbalance
Dringlich	-->	Wichtig
Effizienz & Effektivität	-->	Synergie
In der Zukunft leben	-->	Im Augenblick leben
Konsequenzen managen	-->	Spielregeln befolgen
Schuld	-->	Verantwortung
Angst	-->	Liebe

Nicht unsere Probleme halten uns von einem glücklichen Leben ab, sondern nur unsere eigene Einstellung dazu. Nicht das Leben ist ungerecht und hart, sondern unser Umgang mit unserem Leben ist es. Begreifen Sie es: Wir sind frei und haben die Verantwortung. Schauen Sie hinter die Fassaden und finden Sie das wirkliche Leben. Wir verwenden viel Kraft gegen den Strom des Lebens zu dem Meer unserer Sehnsüchte rudern zu wollen, anstatt die Strömung zu nutzen und tatsächlich bei diesem Meer anzukommen. Vertrauen Sie dem Leben, lassen Sie es fließen, beginnen Sie, Zufälle anzunehmen, und zu entdecken, dass alles aus einem ganz bestimmten Grund, der Ihnen nutzen will, passiert.

Erkennen Sie den Schatz in jedem Augenblick und fangen Sie wieder an zu staunen. Staunen Sie über Ihr Herz, die Fähigkeit, fühlen zu können, über die Liebe, über die Wunder der Natur. Nehmen Sie sich die Zeit, die Magie des Augenblicks zu entdecken. Wenn Sie erkennen, dass Ihnen jeder, wirklich jeder Augenblick dienlich sein will, dann beginnen Sie ein neues Leben, ein erfolgreiches Leben, ein glückliches Leben und vor allem ein sinnvolles Leben. Der Strom des Lebens wird Sie zu Ihrer Bestimmung führen. Sie müssen es nur zulassen. Drehen Sie um und nutzen Sie die Strömung!

Diese Einleitung deutet auf grundsätzliche Einstellungen. Diese entscheiden, wie wir unser Leben sehen und leben wollen. Unsere Einstellungen schwingen stets in unserer Strategie mit. Es sind Lebenseinstellungen, die uns in unserem täglichen Handeln beeinflussen.

Ein einfaches Beispiel ist die Einteilung in Optimisten und Pessimisten. Die einen glauben eben, dass alles gut wird, und die anderen glauben nicht daran. Ein Streit darüber, wer letztlich Recht hat, ist sinnlos, da es sich um prinzipielle Lebenseinstellungen handelt, bei denen es kein „gut" oder „schlecht" gibt.

Auch wenn das Ergebnis mal gut und mal schlecht sein wird, bin ich den Meinung, dass Optimisten ein angenehmeres Leben mit mehr Freude und Spaß leben. Ich bin zusätzlich der Meinung, dass eine optimistische Einstellung in der Mehrzahl der Fälle auch mit einem guten Ergebnis belohnt wird. Da aber auch die Pessimisten entsprechend ihrer Grundhaltung öfter mit negativen Ergebnissen „belohnt" werden, scheinen beide Recht zu behalten.

Leider wird es den Pessimisten aber nicht klar, dass es nicht nur an dem Problem gelegen hat, sondern dass sie selbst ein Teil des Problems gewesen sind. Mit negativer Denkstrategie macht man sich zu einem Teil des Problems. Mit einer positiven Einstellung macht man sich eher zu einem Teil der Lösung. Wollen Sie Teil des Problems oder Teil der Lösung sein?

Die Strategie des wandelnden „K"

Mit der Strategie des wandelnden „K" wird eine grundsätzliche Lebenseinstellung beschrieben. Eine Einstellung, die für jede erfolgreiche Lebensführung zwingend notwendig ist, und die leider sehr häufig nicht berücksichtigt wird. Das wandelnde „K" hat sehr viel mit der Art und Weise zu tun, wie wir denken. Für eine erfolgreiche Lebensführung sind folgende vier Grundsätze ausschlaggebend:

1.) Sie sind verantwortlich für Ihr Leben und Ihre derzeitige Situation!

2.) Sie haben die Kraft und den freien Willen Ihre Situation zu ändern!

3.) Sie können Ihr Leben nach Ihren Vorstellungen gestalten!

4.) Sie müssen nur Ihre Einstellung von reaktiv auf proaktiv ändern!

Erst wenn wir diese Grundsätze in unsere Denkstrategie integriert haben, können die im Folgenden dargestellten Methoden dieses Denken unterstützen.

Sie sind verantwortlich für Ihr Leben und Ihre derzeitige Situation

Man kann die Schwachen nicht stärken, indem man die Starken schwächt.

Man kann keinen Charakter aufbauen, indem man einem Menschen die Initiative nimmt.

Man kann Menschen nicht dauerhaft helfen, indem man für sie tut, was sie für sich selbst tun könnten und sollten.

ABRAHAM LINCOLN

Das größte Problem unserer Zeit ist, dass viele Menschen die Verantwortung für das eigene Leben ablehnen. Die äußeren Bedingungen sind schuld, das Elternhaus oder die Erziehung, die fehlende Schulbildung oder die eigene Familie, die politische Lage oder irgend eine andere Ursache. Die Großen fressen eben die Kleinen, und man selbst gehört zu den Kleinen, usw.

Solange so gedacht wird, wird sich nichts im Leben ändern. Menschen halten sich selbst für Opfer der äußeren Umstände. Es ist unbestritten, dass es wirklich schwierige Situationen gibt und dass Menschen unterschiedliche Startbedingungen haben. Es kommt aber nicht auf die Startlinie, sondern auf die Ziellinie an, und der Weg dorthin ist gepflastert mit vielen Steinen.

Letztlich geht es nur darum, wie wir auf dem Weg gegangen sind, und nicht, wo wir starteten. Es kommt darauf an, mit welcher Lebensphilosophie wir gelebt haben und was wir aus dem Leben gemacht haben. Solange wir diesen Zusammenhang nicht verstehen, sind alle Gedanken über den Erfolg sinnlos und kommen bei den Menschen nicht an. Erst wenn wir verstehen, dass wir für unsere Handlungen verantwortlich sind, für jede einzelne Handlung, und auch dafür, was wir bisher erlebt haben, werden wir die Kraft haben, unser Leben proaktiv zu leben und zu gestalten. Was können wir daran ändern, wenn uns Leid widerfährt? Allein unsere Reaktion auf diesen Umstand haben wir in der Hand.

Viktor Frankl hat genau diese Lektion in einer Situation gelernt, die wohl zu den schlimmsten zählt, die Menschen erleben können. Er war Häftling in einem deutschen Konzentrationslager zur Nazizeit und dazu verurteilt, dort zu sterben. Allein die Einsicht, dass zwischen dem Reiz, dem wir ausgesetzt sind, und der Reaktion, wie wir uns dazu verhalten, ein kleiner Raum liegt, den er persönliche Freiheit genannt hat, rettete ihm das Leben. Wer verzweifelt und aufgibt, der hat verloren. Viele Menschen waren in dieser Situation verloren, trotz ihrer Hoffnung auf Befreiung und ihrem Glauben an Erlösung von ihrem Los. Viktor Frankl erlebte diesen Raum seiner persönlichen Freiheit als einzig wahre Freiheit, als den Wert, der ihm immer bleiben würde, unabhängig von äußeren Ereignissen. Dieses wertvolle Wissen ist Grundlage für ein erfolgreiches Leben.

Reiz ---> Reaktion

Zwischen dem Reiz in einer gegebenen Situation und der Reaktion darauf liegt unsere Verantwortung, die wir unserem Leben gegenüber haben. Wir können die Chance nutzen, aber wir können auch weiterhin in unseren Automatismen verharren, die diesen Raum zwischen Reiz und Reaktion überbrücken und uns somit steuern.

Solange uns diese Automatismen regieren, haben wir keine Macht über unser Leben. Wir haben diese Macht weitergegeben an den Zufall und an die Reflexe, die wir aufgrund irgendeines Reizes entfalten. Sobald wir beginnen, innezuhalten und unsere Reaktion frei zu wählen, werden wir zu freien Menschen, die über ihr eigenes Leben bestimmen können und die Verantwortung übernehmen. Erst wenn wir damit anfangen, beginnen wir unser Leben aktiv zu leben.

Sie haben die Kraft und den freien Willen, Ihre Situation zu steuern

Die zweite wichtige Erkenntnis ist, dass wir einen freien Willen besitzen, der es erst ermöglicht, auf jeden Reiz ganz unterschiedlich zu reagieren. Wir können dem Automatismus unserer Reflexe, des von uns erlernten Verhaltens, entfliehen. Wir haben dann unser Leben in der Hand. Denn mit dem ersten Punkt übernehmen wir zwar die Verantwortung, wären aber ohne freien Willen nicht in der Lage, dieser Verantwortung auch gerecht zu werden. Mit unserem freien Willen allerdings gibt es all die Ausreden nicht mehr, die uns jetzt vielleicht durch den Kopf gehen.

Das größte Problem unserer Zeit ist neben der Tatsache, dass wir die Verantwortung für unser Leben ablehnen und abgeben, auch, dass wir unseren freien Willen delegiert haben. Heute bestimmen Werbung, soziale Verhaltensnormen, Mode und Trends, das dringende Verlangen „in" sein zu wollen oder auch vermarktete Illusionen und Meinungen weitgehend unser Verhalten. Vom freien Willen ist da nicht mehr viel übrig und demzufolge auch nicht von Verantwortung. Erst wenn wir uns wieder besinnen, dass wir jeden Tag aufs Neue unser Leben in der Hand haben und uns für ein bestimmtes Verhalten entscheiden können, werden wir beginnen, das Leben zu führen, das wir uns wünschen.

Sie können Ihr Leben nach Ihren Vorstellungen gestalten!

„Ein Leben, das wir uns wünschen", hört sich für viele vielleicht abgedroschen an. Denn bereits zu viele Methoden versprechen, die eigenen Träume wahr zu machen, ohne sich dabei anstrengen zu müssen. „Du kannst alles, was Du willst!" – „Sprenge Deine Grenzen!" – „Endlose Energie!", usw. – Sie kennen diese Sprüche der aktuellen Erfolgsliteratur. Eine Sache wird in der Regel verschwiegen: Es ist nicht leicht! Wenn es leicht wäre, dann wäre es auch keine Herausforderung. Wenn es keine Herausforderung ist, dann ist es langweilig, und wenn es langweilig ist, dann trägt es nicht zu unserer Zufriedenheit bei. In dem nächsten Kapitel werden wir ein grundlegendes Element des Glücks kennen lernen. Jeder Mensch kann dieses Glück erreichen, aber etwas wird Glück nie tun: Es wir uns nicht zufliegen! Etwas Glück brauchen wir natürlich bei all dem, was wir vorhaben, aber die Lebensgeschichten erfolgreicher Menschen bestätigen es jedes Mal: Sie werden alles Glück haben, das Sie brauchen. Sie müssen sich aber vorher darum bemühen, Ihren Weg zu gehen und mit Hindernissen fertig zu werden. Auf dem Sofa sitzend ist noch niemand glücklich geworden (und wenn, dann nur für wenige Augenblicke). Es geht darum, hinauszugehen und das eigene Glück zu suchen.

Eine zweite, bereits beschriebene Fähigkeit wird an dieser Stelle bedeutsam. Unsere Imagination! Wir können uns Ereignisse vorstellen, Wünschen und Träumen nachhängen. Wir können uns vorstellen, wie wir einmal leben wollen, was wir einmal sein wollen, was wir tun wollen und was wir besitzen wollen. Diese Fähigkeit ist sensationell! Wir wissen es bloß nicht, da wir diese Fähigkeit für selbstverständlich halten, ohne zu begreifen, dass mit der nötigen Konzentration all das, was wir uns wünschen, auch Realität werden kann. Das hört sich nach Magie an. Vielleicht ist es das ja auch. Aber unsere Fähigkeit, uns die Zukunft vorstellen zu können, ist die Voraussetzung dafür, diese Zukunft auch so zu gestalten, wie wir dies möchten. Die gesamte Planungstechnik von „LebensStrategie" ist auf dieser Fähigkeit aufgebaut.

Sie müssen Ihre Einstellung von reaktiv auf proaktiv ändern!

Wenn Sie mich fragen würden, was ist der wesentliche Schritt im Leben, dann würde die Antwort genau lauten: Ändern Sie Ihr Verhaltensprogramm von reaktiv auf proaktiv!

Dieser Punkt ist auch die Grundlage des strategischen Zeitmanagements. Ein anderes Wort für strategisches Zeitmanagement könnte proaktives Zeitmanagement sein. Fast alle Techniken und Methoden, die bisher zu dem Thema Zeitmanagement geschrieben wurden, belassen den Anwender in dem reaktiven Verhaltensmuster. Selbst die klassische Definition von Prioritäten nach Eisenhower verbleibt im reaktiven Verhaltensmuster, indem unsere höchste Priorität dort als wichtig und dringlich definiert wird, und mit der Dringlichkeit verbleiben wir in unserem reaktiven Verhalten. Wir sind bereits so daran gewöhnt zu reagieren, dass wir gar nicht auf die Idee kommen, geschweige denn die Zeit haben, zu agieren, d. h. in ein aktives Verhaltensmuster zu wechseln.

Das ist auch der Grund, warum das klassische Zeitmanagement nicht zu dem gewünschten Erfolg geführt hat. Sicher haben wir die eine oder andere Stunde durch effizienteres Arbeiten „gespart", aber das falsche Grundmuster blieb bestehen, und somit haben wir nur die Geschwindigkeit unseres Lebens erhöht und konnten noch ein bisschen mehr „gelebt werden". Manchmal hören wir den Satz: „Der Tag müsste eben 48 Stunden haben!" Eine ganz einfache und amüsante Antwort ist eine Gegenfrage: „Was wäre dann?" Wären unsere Probleme behoben? Sicher nicht, denn in wenigen Tagen würden wir in derselben Situation leben, nur dass jetzt 48 Stunden mit dringlichen Aufgaben angefüllt wären.

Werden Sie aktiv und reduzieren Sie Schritt für Schritt die Reaktion und ersetzen diese durch Aktion oder auch Kreation. Daher das „wandelnde K", denn betrachtet man die beiden Worte Reaktion und Kreation, so bestehen diese aus den gleichen Buchstaben, nur das „K" ist nach vorne gerückt und bewirkt somit den großen Unterschied in unserem Leben.

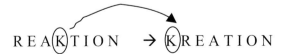

REA(K)TION   →   (K)REATION

Vielleicht nehmen Sie dieses „K" als gut zu merkendes Symbol für den Wandel.

VeränderungsStrategie

Was zeichnet die Art und Weise aus, wie wir jeden Tag leben? Große Teile unseres Lebens sind durch Gewohnheiten geprägt. Wie Aristoteles formulierte, „sind wir das, was wir immer wieder tun". Wir sind in gewisser Weise Produkt unserer Gewohnheiten. Das wäre recht schicksalhaft, wenn wir nicht auch die Fähigkeit besäßen, unsere Gewohnheiten zu ändern.

Vielleicht haben wir uns bisher nicht zugetraut, unser Leben grundlegend umzukrempeln, auch wenn dies in dem einen oder anderen Bereich dringend notwendig wäre. Viele Menschen leiden ein Leben lang unter einem bestimmten Zustand und sind der Meinung, diesen nicht abstellen zu können. Diese Meinung wird ihnen zur Gewissheit, die ihr Leben bis zum Tod vergällt.

In dem Bereich, wo sich unsere Fähigkeiten, unser Wissen und unsere Motivation überschneiden, fühlen wir uns sicher. Für die Motivation gibt es nur zwei grundsätzliche Richtungen. Entweder wir wollen „weg von" einem Zustand, weil wir Angst haben oder wir wollen „hin zu" einem Zustand, weil wir Lust darauf haben. Unser Handeln spielt sich in dem Bereich der Überschneidung unserer Fähigkeiten und unseres Wissens ab, zwischen Lust und Angst.

Was geschieht aber, wenn wir uns verändern wollen? Wir können unsere Fähigkeiten steigern und auch unser Wissen. Wir könnten in diesen Bereichen wachsen. Wir müssen es aber auch wollen. Unsere Motivation muss uns „hin zu" einer Veränderung bewegen, anstatt uns „weg von" dieser abzuhalten. Angst vor Veränderung, Angst vor dem Neuen, ist eines der größten Hindernisse für unser persönliches Wachstum.

Stellen Sie sich vor, Sie seien Entdecker zur Zeit von Kolumbus und sind mit ihm auf der Reise zur Neuen Welt. Diese Reise war eine Reise in das Ungewisse. Es gab keine Landkarten, die Flotte segelte hinaus aufs offene Meer, ohne zu wissen, wann sie wieder Land sehen würde. Die Hälfte Ihres Süßwassers ist aufgebraucht und Sie wissen, wenn Sie jetzt nicht umkehren, dann gibt es keine Umkehr mehr. Es brauchte viel Mut weiterzusegeln und das Unbekannte zu erkunden. Um Neues zu entdecken, müssen wir allerdings bereit sein, Vertrautes aufzugeben.

Man entdeckt keine neuen Erdteile, ohne den Mut zu haben, alte Küsten aus den Augen zu verlieren.

ANDRÈ GIDE

Geht es uns nicht auch so, wenn es darum geht, eine neue Berufslaufbahn einzuschlagen, einen neuen Partner kennen zu lernen, in fremden Ländern zu leben oder vertraute Lebensumstände zu verlassen? Bringt das Neue und Unbekannte nicht immer etwas Sorge und Unsicherheit? Da die Welt sich aber immer schneller verändert, sind auch alle Zustände, die wir für sicher halten, sehr unsicher geworden. So kann es heute viel unsicherer sein, das Risiko der Veränderung zu scheuen und Angst vor Veränderung zu haben, als sich der Veränderung zu stellen. Das Leben, von dem wir träumen, liegt jenseits der Angst.

Aber betrachten wir dieses Modell noch etwas genauer und stellen wir uns eine besondere Frage, die uns bei jeder Veränderung in unserem Leben helfen kann. Eine Frage, die sehr viel in Ihrem Leben bewirkt, wenn Sie die Antwort zulassen:

Was würde ich tun, wenn ich keine Angst hätte?

Es entsteht eine ganz neue Blickrichtung, wenn wir unsere Angst überwinden. Es wird dann immer noch den Bereich unserer Gewohnheiten geben, der aber auch der Bereich unserer Spitzenleistungen sein wird. In dem Dreieck, in dem unser Wissen, unsere Fähigkeiten und unsere Motivation größten Teils vorhanden sind, können wir unsere Situation beeinflussen und schnell wachsen. Wir können unsere Fähigkeiten, unser Wissen und unsere Motivation größer werden lassen.

Zuerst müssen wir unsere Angst vor Veränderung besiegen, um dann die erste Welle des Wachstums erleben zu können. Indem wir unser Wissen, unsere Fähigkeiten und unsere Motivation immer weiter ausbauen, wächst der Bereich unseres Lebens, den wir beeinflussen können. Dieses Wachstum geht bis zu einem Kreis, an dem unsere Bedenken wieder größer sind, als unser Wille zu wachsen.

Dieses Modell beschreibt bisher den Bereich, der in uns liegt: Fähigkeiten, Wissen und Motivation können wir direkt steuern und beeinflussen. Es gibt aber auch eine Vielzahl von äußeren Einflüssen, die wir nicht beeinflussen können und die uns dennoch betreffen und vielleicht sogar mit Sorge erfüllen. Stephan R. Covey hat diesen Umstand mit den beiden folgenden Bereichen in unserem Leben beschrieben. Der eine ist der unserer Sorge (oder auch unserer Aufmerksamkeit) und der andere ist der unserer Einflussmöglichkeiten. Es liegt nun an uns, in welchem Bereich wir unsere Energie einsetzen.

Wenn wir uns überwiegend mit dem Teil des Lebens beschäftigen, der uns zwar Sorgen macht, den wir aber nicht beeinflussen können, führt das nur dazu, dass wir allen Sorgen, Umständen und Menschen, die uns beeinflussen, noch mehr Macht einräumen, dies zu tun. Es ist eine sehr weit verbreitete Tatsache, dass wir nicht die Verantwortung für unser Leben übernehmen, sondern andere Menschen oder Umstände dafür verantwortlich machen.

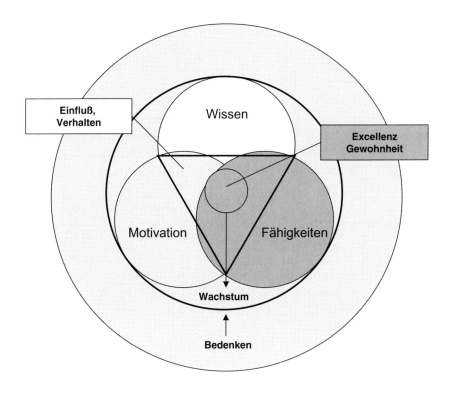

Wenn ich eine bessere Ausbildung hätte, ...
Wenn ich in einer besseren Partnerschaft lebte, ...
Wenn ich mehr Geld hätte, ...
Wenn ich einen besseren Chef und mehr Möglichkeiten hätte, ...
Wenn die wirtschaftliche Lage besser wäre, ...
Wenn nicht die Aktienmärkte eingebrochen wären, ...

Wenn das Wörtchen „wenn" nicht wäre. Wie oft hören wir Menschen über Mitmenschen oder Umstände schlecht reden, womit sie ihre eigenen Schwächen verdecken. Dies ist nicht verwunderlich, denn je mehr Energie wir auf den Bereich verwenden, der uns zwar betrifft, den wir aber nicht ändern können, umso mehr geben wir diesen Einflüssen Macht und verschwenden unsere

Zeit und unsere Energie. Das Jammern unserer Tage beruht darauf, dass die meisten Menschen die Verantwortung für ihr Leben abgegeben haben.

Lebenskunst bedeutet, sich auf die Bereiche und Probleme zu konzentrieren, die beeinflusst werden können. Wenn wir unsere Zeit und Energie auf die Dinge konzentrieren, die wir beeinflussen können, haben wir uns für ein proaktives Verhalten entschieden. Wir übernehmen die Verantwortung für unser Handeln und für die Folgen. Wir stehen zu uns selbst und wissen, dass wir heute dort stehen, wohin uns unsere Entscheidungen von gestern geführt haben.

Diese Erkenntnis ist manchmal vielleicht schmerzlich, weil sie uns auch ganz genau unsere Fehler vor Augen führt. Aber nur so werden wir in der Lage sein, andere Entscheidungen für morgen zu treffen und uns ganz bewusst zu verändern. Der Bereich, den wir beeinflussen können, wächst somit ständig.

Dies ist ein weiterer Aspekt der Lebenskunst und ist für den Grundgedanken des strategischen Zeitmanagements wichtig. Stephen R. Covey hat ihn in seinem Hauptwerk „Die sieben Wege zur Effektivität" beschrieben. Im Originaltitel des Buches geht es um die sieben Gewohnheiten von sehr effektiven Menschen. Als erste beschreibt Covey die Proaktivität, also die Fähigkeit des Menschen, von sich aus zu handeln, nicht abzuwarten und nur zu reagieren. Wir werden bei dem wandelnden „K" gleich noch intensiv auf diese Fähigkeit eingehen.

Wichtig für unser Leben ist aber die Unterscheidung zwischen den Bereichen, in denen wir etwas ändern können, und den Bereichen, die wir nicht ändern können. Worauf verwenden Sie Ihre Energie jeden Tag? Beklagen Sie Zustände, die Sie nicht ändern können oder verwenden Sie die gleiche Energie, um die Zustände zu verändern, die Sie verändern können. Es ist üblich geworden, Umstände und Dinge zu beklagen, die jenseits unserer Beeinflussung sind: Die Politik, die Wirtschaftslage, die Schwächen anderer Menschen, die Umweltbedrohung, Angst vor Krankheiten, usw.

Wenn wir uns auf Umstände konzentrieren, die wir nicht ändern können, sind wir automatisch in einem reaktiven Verhaltensmuster. Wir warten ab, bis etwas passiert. Ändern wir jedoch unser Verhalten und konzentrieren wir uns auf die Bereiche, die wir verändern können, vergrößern wir ganz automatisch unseren Einfluss auf das Leben. Wir werden proaktiv und nehmen unseren Sorgen die Kraft, uns zu steuern. Wir selbst nehmen das Ruder in die Hand und gestalten unser Leben.

Es gibt unterschiedliche Lebensbereiche mit ganz unterschiedlichen Problemen, die wir mehr oder weniger beeinflussen können:

* Bereiche, über die wir direkt Kontrolle haben (unser eigenes Verhalten, unsere Art zu denken, unsere Ziele, Probleme, die wir verursachen und für die wir selbst verantwortlich sind).

* Bereiche, über die wir nur indirekt Kontrolle haben (das Verhalten anderer Menschen)

* Bereiche, über die wir überhaupt keine Kontrolle habe (bestehende Situationen, die wir nicht ändern können)

Die Kunst im Leben ist nun, den Bereich unseres direkten Einflusses permanent zu vergrößern, indem wir unsere Kraft und Gedanken hierauf verwenden. Auch wir werden mit der Zeit unsere Fähigkeiten steigern, andere Menschen zu beeinflussen, also mehr Einfluss in dem Bereich unserer indirekten Kontrolle gewinnen. Bei den letzten beiden Bereichen hilft nur eins: Sie lächelnd hinzunehmen oder mit den Worten von Friedrich Oettinger gesprochen:

Gott gebe mir die Kraft, Dinge zu ändern, die ich ändern kann, die Gelassenheit, Dinge hinzunehmen, die ich nicht ändern kann, und die Weisheit, das eine von dem anderen zu unterscheiden.

FRIEDRICH OETTINGER

Mit diesem Stoßgebet nehmen Sie vielen Dingen und Umständen in Ihrem Alltag die Kraft, negativ auf Sie zu wirken und Ihre Energie zu vergeuden. Stellen Sie sich vor, wieviel glücklicher Ihr Leben wäre, wenn Sie diese Energie plötzlich zur Verfügung hätten!

Wir alle haben viele Eigenschaften und Möglichkeiten, die wir in der Regel viel zu wenig nutzen. Eine davon ist unsere Selbst-Bewusstheit. Wir sind in der Lage, unser Leben zu analysieren und aus Fehlern zu lernen. Wir können auch auf Meinungen anderer über uns hören.

Aber welche anderen Grundfähigkeiten helfen uns noch, unser Leben aktiv zu gestalten? Betrachten wir weitere Grundfähigkeiten des Menschen, die in verschiedenen Bereichen der Psychologie und Philosophie betont werden und die wir jeden Tag einsetzen (meist viel zu wenig). Die folgenden sieben grundsätzlichen Fähigkeiten helfen uns dabei, unser Leben zu verändern:

* Selbst-Bewusstheit
* Freier Wille
* Kreative Vorstellungskraft
* Gewissen und Innere Stimme
* Handlungsfähigkeit und Bereitschaft zu Veränderung
* Liebe
* Beständigkeit und Disziplin

SELBST-BEWUSSTHEIT

Die Fähigkeit, unser eigenes Leben betrachten und analysieren zu können, entspringt unserem Selbstbewußtsein. Diese Fähigkeit ist außergewöhnlich. Wir können uns selbst reflektieren und Probleme unseres eigenen Lebens erkennen. Dies ist die unabdingbare Voraussetzung dafür, dass wir unser Leben auch verändern können. Wir können uns immer wieder fragen, ob das, was wir tun, auch richtig ist. Fragen sind dabei ein sehr gutes Werkzeug für Selbsterkenntnis. Wenn wir zum Beispiel unsere Gedanken über einen Tag aufschreiben, „was lief gut und was schlecht", wie im guten alten Tagebuch, dann beginnen wir bereits unser Verhalten zu verändern. Selbstwert hat in diesem Zusammenhang viel mit Selbstbewusstsein zu tun. Wir können ein besseres Selbstbewusstsein eben nur dann erreichen, wenn wir uns immer wieder unserer selbst bewusst werden.

FREIER WILLE

Wir haben einen freien Willen und können uns sowohl für unsere Gedanken als auch für unsere Taten frei entscheiden. Wenn wir es vorziehen, positive und gute Gedanken zu denken, werden wir eher ein positiveres Leben führen, als wenn wir uns stets von negativen Gedanken leiten lassen.

> *Das Glück deines Lebens hängt von der Beschaffenheit deiner Gedanken ab.*
>
> MARC AUREL

Wir haben die freie Wahl über unsere Gedanken, aber auch über unsere Handlungen. Viel zu oft finden unsere Handlungen automatisch statt, weil wir meinen, so oder so reagieren zu müssen oder weil alle so reagieren, oder, weil wir schon immer so reagiert haben. Sprengen Sie die Macht der Gewohnheiten indem Sie Ihre Freiheit wiederentdecken, Ihren freien Willen! Diese Kraft der Veränderung ist mächtig, denn wir werden so zu proaktiv denkenden und handelnden Menschen.

Reaktive Menschen werden von Ihren Gefühlen, von den Umständen und äußeren Einflüssen geleitet. Proaktive Menschen nutzen ihren freien Willen, um sich von Ihren Werten und der Entscheidung für Ziele leiten zu lassen. Äußere Umstände sind Ihnen dabei egal. Mahatma Gandhi hat in einer Ansprache an sein Volk einmal dazu gesagt: „Sie können nicht unseren Selbstrespekt nehmen, wenn wir ihn ihnen nicht geben". Das ist freier Wille in Aktion.

Wenn uns jemand beleidigt und schlecht behandelt, können wir selbst entscheiden, ob wir verletzt sind. Wir können aber auch anders. Wir sind es, die bestimmen und niemand sonst. Eleanor Roosevelt soll dazu einmal gesagt haben: „Niemand kann uns ohne unsere Einwilligung beleidigen."

KREATIVE VORSTELLUNGSKRAFT

Die Fähigkeit, uns Dinge vorzustellen, die nur in unserem Kopf existieren, ist eine enorme Kraft, wenn es darum geht, Lösungen zu Problemen zu finden. Wie soll unser Leben aussehen oder was sind unsere Ziele? Viele Bücher sind bereits zu dieser Fähigkeit der „kreativen Visualisierung" geschrieben worden. Sie ist ebenso wie die Schriftlichkeit von überzeugender magischer Kraft. Alles, was wir erschaffen, war zuerst eine Idee und eine Vorstellung.

Einstein sagte dazu einmal: „Materie ist geronnener Geist". Sämtliche Erfolgsliteratur baut auf dieser Fähigkeit auf, dass unsere Gedanken und Vorstellungskraft immense Kräfte bei der Gestaltung unseres Lebens entfalten können. Wenn wir verändern wollen, dann brauchen wir ein Bild, wie der gewünschte Zustand aussehen soll, um die Anziehungskraft dieses Ziels zu spüren. Hier beginnt ein grundlegendes Problem der Lebenskunst. Die meisten Menschen wissen zwar was sie nicht wollen, aber sie wissen damit noch lange nicht, was sie wollen.

Die oben erwähnte Motivationsstrategie kann dann nur „weg von" arbeiten, und unsere Angst vor der Veränderung bleibt bestehen, weil wir keine Vorstellung davon haben, was wäre, wenn wir keine Angst hätten. Sobald Sie beginnen, täglich Ihre

Vorstellungskraft zu nutzen, und sich fragen, was es ist, das Sie wollen, beginnen Sie positive Bilder der Zukunft zu sehen. Somit werden Sie ganz automatisch eine „hin zu"-Strategie entwickeln und die Angst überwinden.

GEWISSEN UND INNERE STIMME

Oft unterschätzen wir die Kräfte in uns. Unser Gewissen und unsere innere Stimme sind solche Kräfte, die wir viel zu selten zu Wort kommen lassen. In meinem Buch „Charisma" habe ich mich intensiv mit dem Thema unserer inneren Stimme als einem ganz wesentlichen Element unserer Persönlichkeit beschäftigt. Gerade für die Lebenskunst ist dieser Bereich der Persönlichkeit besonders wichtig, da es in unserem Leben immer wieder darum geht, basierend auf wenigen Informationen, Entscheidungen zu treffen und Handlungen beurteilen zu müssen.

Hier sollten wir lernen, unserer inneren Stimme zuzuhören und zu vertrauen. Auch wenn es um kreative Lösungen oder den richtigen Umgang mit anderen Menschen geht, ist unsere innere Stimme eine leitende Kraft, weil wir tief in uns viel mehr wissen, als uns bewusst ist. Unser Gewissen und unsere innere Stimme übernehmen oft die Initiative, wenn es darum geht, Veränderung einzuleiten. Es wäre gut, wenn wir uns die Zeit und die Ruhe nähmen, auf unsere innere Stimme wieder zu lauschen. Auch das ist gemeint, wenn wir sagen, im Hier und Jetzt zu leben, denn es ist der Augenblick, der zählt.

HANDLUNGSFÄHIGKEIT UND VERÄNDERBARKEIT

Wir können in jedem Augenblick unseres Lebens handeln und meistens haben wir mehrere Möglichkeiten. Wir können einen Spaziergang machen, wenn wir dies wollen. Auch wenn es regnet, können wir vor die Tür gehen. Meistens werden wir dies nicht tun, weil wir keine Lust haben, nass zu werden; aber letztlich haben wir die Freiheit zu entscheiden. Wir können abends ein schönes Buch lesen oder einen romantischen Abend mit unserem Partner verbringen, wir können uns aber auch vor den Fernseher setzen. Was wir davon häufiger wählen, hängt ganz allein von uns ab.

In dem nächsten Kapitel werden wir uns noch intensiver mit dieser Kraft und dem Freiraum zwischen Reiz und Reaktion beschäftigen. Die Freiheit, unsere Reaktion zu wählen, ist die Voraussetzung für Veränderung. Da wir handlungsfähig sind, können wir uns stets entscheiden, was wir tun, ganz gleich wie die äußeren Umstände sind. Abhängig von den äußeren Umständen ist das oft nicht leicht. Es wird auch niemand behaupten wollen, dass Lebenskunst leicht ist. Vielleicht wird es sogar als einfacher empfunden, sich der schicksalhaften Meinung hinzugeben, dass alles vorbestimmt sei, und dass wir Opfer unserer Gene und Prägungen der Kindheit seien.

Mit dieser Sichtweise geben wir uns vollständig der Reaktion hin. Unser Leben wird gelebt, aber nicht von uns, sondern von anderen Menschen und unserer Einstellung, dass allein äußere Einflüsse schuld an unserer Lage sind. Diese Art zu denken ist verführerisch, weil wir durch sie die Verantwortung für unser Leben abgeben können. Wir können uns auf der Couch unserer Gewohnheiten niederlassen und müssen uns nicht verändern! *Mit diesen Gedanken der Reaktion* können wir uns ja gar nicht verändern, da wir äußere Umstände dafür verantwortlich machen. Es gibt mehrere Fügungen, die reaktive Menschen gerne für ihre Situation verantwortlich machen: Das genetische Erbe unserer Vorfahren, die psychischen Prägungen aus unserer Kindheit oder äußere Einflüsse, wie Umwelt, Gesellschaft und Wirtschaft. Manche Menschen machen auch die Sterne verantwortlich und andere das Schicksal ganz allgemein.

Wenn wir über unser genetisches Erbe sprechen, dann sind letztlich unsere Vorfahren schuld. Unsere ursprünglichen Verhaltensmuster und die Eigenschaften unserer Vorfahren machen uns zu dem, der wir sind. Bei den psychischen Prägungen sind es unsere Eltern, die schuld sind. Wir waren klein und verletzlich. In vielen Momenten haben wir ganz verschiedene Dinge erlebt, die sich in unserem Unterbewusstsein eingegraben haben und von dort aus unser Leben beeinflussen. Äußere Umstände, wie zum Beispiel der Einfluss von Schulen oder unserem Freundeskreis in jungen Jahren, sind ebensowenig zu leugnen wie andere Einflüsse aus Gesellschaft, Umwelt oder Wirtschaft.

Es ist unbestritten, dass alle diese Einflüsse auf uns wirken und uns zu dem Menschen gemacht haben, der wir sind. Wir werden von ihnen täglich beeinflusst. Entscheidend ist aber, wie wir mit diesen Tatsachen umgehen. Allen gemeinsam ist, dass wir Verantwortung für unser Leben abgeben und diesen Fügungen Macht einräumen. Wir selbst sehen uns dann nur als Opfer. Besonders deutlich wird das bei Menschen, die den Sternen oder dem Schicksal ganz allgemein die Verantwortung für ihre derzeitige Situation anlasten. Es ist so leicht, Verantwortung abzugeben, da es dann nicht mehr wir sind, die „versagen", sondern immer äußere Umstände dafür verantwortlich gemacht werden können. Viele Menschen warten ein Leben lang darauf, dass jemand kommt und sich um sie kümmert. Sie warten auf das große Glück.

Vielleicht sind reaktives Leben bequemer und die Opferrollen, die wir einnehmen, für einen Moment angenehmer. Auf unser Leben bezogen, wird es aber nicht erfüllend sein. Wir werden als Opfer nicht glücklich werden und so leben, wie wir es eigentlich könnten. Beides bedingt sich. Wir können nicht die Bequemlichkeit wählen und unser Leben dabei aktiv gestalten. Wenn wir anderen Kräften die Macht geben, unser Leben zu kontrollieren, werden wir die Selbstkontrolle verlieren. Ein reaktives Leben mag bequemer sein, aber es ist auf keinen Fall schöner. Es mag leichter erscheinen, führt aber nicht zum Glück. Wir können zwar die Verantwortung abgeben, aber nicht mehr unser Leben selbst gestalten.

Was würden Sie tun, wenn Sie die Kontrolle über Ihr Leben hätten?

Proaktive Menschen lassen sich nicht von Ihrer Umgebung formen, sondern sie formen ihre Umgebung. Wenn wir unsere Proaktivität entdeckt haben, werden wir ganz genauso äußeren Einflüssen unterliegen. Diese werden aber nicht unser Leben gestalten, sondern unsere Werte und unsere Ziele sind maßgebend.

LIEBE

Liebe ist die wichtigste Kraft, wenn es um Lebenskunst und um Veränderung geht. Mit Liebe ist hier die Liebe zu unserem Leben, die Liebe zu uns selbst und die Liebe zu anderen Menschen gemeint. Die Liebe umfasst unser gesamtes Leben. Sie würden dieses Buch nicht lesen, wenn in Ihnen nicht die Liebe zum Leben brennen würde. Menschen, die das Leben nicht lieben, brauchen auch keine Lebenskunst zu entwickeln. Sie haben sich in der Regel einem Automatismus zwischen Reiz und Reaktion hingegeben. Meistens geht es in diesen Leben um Macht und unsere ursprünglichen Triebe wie Lust und Angst. Liebe wird gemeinhin als Gefühl bezeichnet.

In der proaktiven Welt ist Liebe kein Gefühl, sondern eine Tat. Menschen, die sich selbstlos für andere einsetzen, leben die Liebe. Sie haben den Kreislauf durchbrochen, der uns weis machen will, dass wir ein Opfer unserer Gefühle sind. In diesem Fall sind unsere Gefühle lediglich das Ergebnis von Manipulation und vorgetäuschten Wirklichkeiten. Die proaktive Wirklichkeit ist, dass Sie selbst das Gefühl Liebe erzeugen können, indem Sie Liebe leben.

BESTÄNDIGKEIT UND DISZIPLIN

Große Veränderungen werden in unserem Leben nicht von heute auf morgen stattfinden. Veränderungen brauchen Zeit und unseren ständigen Einsatz und Energie. Wir brauchen dazu die aktive Form von Geduld und Beständigkeit. Beständigkeit heißt, beharrlich zu arbeiten. Wenn Sie also eine fundamentale Änderung in Ihrem Leben vornehmen möchten, wie zum Beispiel sich von reaktiv auf proaktiv zu verändern, dann braucht das seine Zeit. Leider wird uns heutzutage immer vorgespielt, dass wir alles sofort haben können. Wir übersehen, dass alle Dinge ihre Zeit brauchen.

Wir können das Wachstum von Pflanzen nicht beschleunigen, auch wenn wir meinen, mit der Biotechnologie dies zu können. Wir werden immer an natürliche Grenzen stoßen, die uns darauf aufmerksam machen, dass alles seine Zeit braucht. Wenn Sie etwas lernen wollen, dann brauchen Sie dafür Zeit. Wenn Sie einen Garten anlegen, dann braucht er Zeit, voll zu erblühen. Bei vielen Vorgängen in der Natur ist uns dies bewusst. Wir missachten es aber immer, wenn es um menschliches Verhalten oder unsere Ziele geht. Beständigkeit bedeutet, dies einzusehen und dennoch eine Veränderung, einen Wert oder ein Ziel entschieden zu verfolgen.

All diese Fähigkeiten werden wir brauchen, um unser Leben aktiv zu gestalten. Aber Veränderung verursacht leider zu oft Furcht und wird deshalb zu selten angestrebt. Wir müssen aber verändern, wenn wir etwas verbessern wollen.

6. Strategisches Zeitmanagement

Wie soll es nun aussehen, das „neue" Zeitmanagement?

Die Kunst, Zeit richtig einzuteilen und einzusetzen ist alt; und die Weisheiten dies richtig zu tun sind seit mehr als 2000 Jahren dieselben. Ein wesentliches neues Element ist, wie bisher beschrieben, der ganzheitliche Ansatz als Strategie. Nur die Kombination von Analyse – Struktur – Planung – Umsetzung wird Ihnen den gewünschten Erfolg bringen. Das reine Zeitmanagement, wie es bis heute beschrieben und gelehrt wird, kuriert nur einige wenige Symptome, aber nicht die Ursachen unserer Zeitnot. Daher hat sich nach dem Boom in den 80er und 90er Jahren derzeit auch Frust in Sachen Zeitmanagement eingestellt.

Es funktioniert einfach nicht, „Zeit zu sparen". Und wenn wir es in der Tat geschafft haben, effizienter zu sein (darum drehte es sich bisher im Zeitmanagement), wurden die gewonnenen Stunden ganz einfach mit neuen Aufgaben gefüllt und alles blieb beim alten. Es ist so, als ob Sie eine Technik finden, die ihnen plötzlich 48 statt 24 Stunden pro Tag schenkt. Sie wären sicher am Anfang über die viele zusätzliche Zeit begeistert und bereit, viel für diese Technik zu investieren. Was wird nach spätestens einem Monat passieren?

Nichts! Die Probleme werden wieder die alten sein, nur dass Ihre Tagesagenda nun von 7.00 bis 44.00 Uhr reichen wird. Wenn wir nicht das zugrunde liegende Muster beseitigen, werden wir nie Zeit haben. Und das, obwohl wir auch jetzt schon Zeit genug haben!

Den neuen Ansatz der Zeitmanagementtechnik möchte ich daher „strategisches Zeitmanagement" nennen.

Es geht dabei um die persönliche Strategie. Auch ein Unternehmer, Manager oder eine Führungskraft tun gut daran, zuerst bei sich selbst zu beginnen, bevor Strategie für den zu verantwortenden Geschäftsbereich angewendet wird. Dies ist eine der überlegenen Eigenschaften des Managementmodells UnternehmerEnergie des Schmidt Collegs. Trotz hochkarätigem Managementseminar beginnt der erste Tag im persönlichen Bereich des Unternehmers oder der Führungskraft. Wie bereits Alfred Brittain, der ehemalige Chef von Bankers Trust, sagte: „Du kannst die beste Strategie der Welt haben, und dennoch wird die Umsetzung 90% davon ausmachen".

An dieser Stelle möchte ich eine wesentliche Frage für das Konzept von LebensStrategie aufgreifen: **Was ist überhaupt Strategie?**

Das deutsche Wörterbuch definiert Strategie als „Kunst der militärischen Kriegsführung" und im allgemeinen als „umfassende Planung zur Verwirklichung von Grundvorstellungen". (Wahring Wörterbuch) Das Wort Strategie kommt aus der griechischen Sprache (strategia) und setzt sich aus den Worten stratos, „das Heer", und agein, „führen" zusammen. Damals wie heute war es eine Kunst, ein Heer richtig zu führen. Diese Führung hatte stets das eindeutige Ziel, die Schlacht zu gewinnen. Das Ziel musste bei der Kriegskunst nicht extra erwähnt werden, wohl aber wenn wir die „Kunst, etwas zu führen" auf andere, friedlichere Lebensbereiche übertragen.

Bei der Definition „umfassende Planung zur Verwirklichung von Grundvorstellungen" kommen gleich drei neue Aspekte hinzu. Die Planung, Verwirklichung und Grundvorstellungen. Planung ist dabei der Faktor, der oft zu kurz kommt, wie die folgenden zwei Fragen schnell deutlich machen:

- *Planen Sie Ihre Ziele?*

- *Haben Sie Ihre Ziele formuliert und zeitlich strukturiert?*

- *Planen Sie mindestens jede Woche Ihre Zeit?*

- *Verwenden Sie ein Zeitmanagementsystem?*

Bei der ersten Frage bekomme ich in der Regel nur in 20%, bei der zweiten schon eher in 50% der Fälle ein „Ja" als Antwort. Viel Raum für strategisches Zeitmanagement.

Die Realität der persönlichen Organisation sieht in der Regel so aus, dass Menschen in kleinen Notizzetteln versinken und Mühe haben, noch freie Sicht auf ihren Monitor zu haben, wenn auch sonst nichts mehr vom Schreibtisch zu sehen ist.

In erster Linie geht es darum, ein ausgewogenes und glückliches Leben zu leben. Dies erreichen wir, indem wir unsere Werte (Grundvorstellungen) leben, uns Ziele in allen Lebensbereichen setzen (Planung) und diese auch erreichen (Verwirklichung).

Ohne Ziele ist jede Strategie sinnlos, denn Ziele sind die Grundvoraussetzung der Strategie. Stellen Sie sich einen Feldherren vor, der nicht so genau weiß, ob er die Schlacht überhaupt gewinnen möchte. Wie wahrscheinlich wird ein Sieg dann noch sein? Die Wahrscheinlichkeit wird somit zum Zufall und genau das ist die „Strategie", mit der die meisten Menschen leben. Wenn diese Strategie des Zufalls gewählt wird, werden Menschen gelebt, sie leben nicht selbst. Hand aufs Herz: Wem von uns ging es jedenfalls phasenweise nicht schon ähnlich? Reaktive Lebensführung (besser: Reaktives Gelebt Werden) ist dieser Zustand der Strategie des Zufalls.

Eine Menge E-Mails beantwortet, 20 mal vom Handy unterbrochen worden, fünf dringende Faxe erhalten, an einer Krisensitzung mit den Kollegen teilgenommen, zwei Beschwerden bearbeitet und bei drei Projektterminen, die schon überfällig sind, um Aufschub gebeten.

Abends kommt man spät nach Hause und ist frustriert. Man weiß zwar nicht genau warum, aber alles was man sich für diesen Tag vorgenommen hatte, wurde nicht erledigt. Das Gefühl, auszubrennen und gestresst zu sein, macht sich breit. Von einer erfolgreichen Lebensführung meilenweit entfernt, das weiß man selbst. Aber wo liegt die Lösung?

Die Lösung ist der ganzheitliche Ansatz mit strategischem Zeit-management.

Erst wenn wir uns über den Wert unserer Zeit bewusst werden, beginnen wir, eine persönliche Zeitkultur zu etablieren. Dies ist die Voraussetzung dafür, ein guter Zeitmanager zu werden und dadurch ein erfolgreiches und glückliches Leben zu führen.

Der Trick mit dem strategischen Zeitmanagement ist ganz einfach. Er hat sehr viel mit guter Planung zu tun. Wenn wir die Planungszeit verdoppeln, halbieren wir die Ausführungszeit. Wenn hingegen die Planung versagt, dann wird Versagen geplant.

Diese Weisheit ist so alt wie die Strategie selbst. Bereits die alten Griechen schauten vor mehr als 2000 Jahren in die Zukunft und planten verschiedene Eventualitäten einer Schlacht ein. Planung ist ein ganz wesentliches Element des strategischen Zeitmanagements, Planung ersetzt den Zufall durch den Fehler und aus Fehlern können wir lernen. Und Sie können diese Planung in Ihren Alltag integrieren.

Schauen Sie in die Zukunft?

Damit ist nicht gemeint, dass Sie ein Hellseher werden sollen, sondern „nur", dass Sie sich viel mehr mit allen Möglichkeiten der Zukunft beschäftigen sollen. Planung kann als visualisierte Zukunft betrachtet werden. Oft stellt sich dann die Zukunft so ein, wie wir sie uns aktiv vorgestellt haben. Wenn wir nicht planen, werden wir viel häufiger zum Spielball von Unvorhergesehenem. Jeder, der darüber klagt, dass sein Leben so vielen unvorhersehbaren Einflüssen ausgesetzt ist, sollte sich auch fragen, ob er nicht durch eine verbesserte Planung wieder mehr eigene Kontrolle über sein Leben gewinnen kann.

Priorität

Nur eine bewusste Entscheidung für das Wichtige,
verhindert eine unbewusste Entscheidung für das Unwichtige.

STEPHEN R. COVEY

Das wichtigste Instrument im strategischen Zeitmanagement sind die richtige Definition und der richtige Umgang mit unseren Prioritäten. Priorität, vom lateinischen Wort „prior" = „früher", „eher", beschreibt ein Vorrecht. Durch Prioritäten entscheiden wir, wem oder was wir in unserem Leben Vorrecht geben.

Bedenken Sie, dass Sie jeden Tag den Dingen, die Sie tun, ein Vorrecht geben. Sie handeln so, als ob es Prioritäten wären. Leider entspricht die Realität unseres Alltags selten der Realität unserer Ziele. Hier liegt das Problem und gleichzeitig auch die Lösung. Wenn wir es schaffen, uns gemäß unseren Prioritäten zu verhalten, leben wir das Leben, das wir eigentlich leben wollen.

Jede Aufgabe wird durch zwei Eigenschaften beschrieben:

* **Wichtigkeit:** Entspricht diese Aufgabe unseren Zielen?

* **Dringlichkeit:** In welchem Zeitraum muss diese Aufgabe erledigt werden?

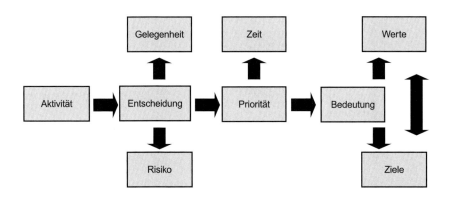

Betrachten wir unsere täglichen Aktivitäten, so stellen wir fest, dass diese auf Entscheidungen beruhen – bewusste und unbewusste Entscheidungen. Die Entscheidungen basieren wiederum auf Prioritäten und werden von Gelegenheiten und Risiken, die damit verbunden sind, beeinflusst. Die Prioritäten wiederum richten sich nach dem Zeitbedarf und der Bedeutung für unser Leben, die von unseren Zielen und Werten abhängen.

Vielleicht ist es Ihnen auch schon mal so gegangen wie mir kürzlich: Ich rief einen Kollegen wegen einer wirklich wichtigen Sache an. Er hob ab, und als er meinen Namen hörte sagte er: „Kann ich dich später zurückrufen Cay? Ich dachte es ist der Vermieter wegen meiner neuen Wohnung. Ich bin gerade in einer Besprechung und habe nur deshalb abgenommen, weil ich auf diesen Anruf warte." Eine interessante Aussage. Was hat er mir damit eigentlich gesagt? „Dein Anruf ist mir viel weniger wichtig als meine Besprechung gerade." Damit kann man leben, denn auch Sie schalten Ihr Handy wahrscheinlich in den meisten Besprechungen aus. Aber, was er mir noch mitteilte, war: „Auch wenn du ein noch so wichtiges geschäftliches Thema hast, mir ist der Anruf meines Vermieters wegen meiner Wohnung derzeit viel wichtiger!"

Unsere Entscheidungen basieren auf Prioritäten, und die wiederum basieren auf unseren Werten und Zielen. Wenn Sie das Verhalten von Menschen auf diese Weise analysieren, bekommen Sie schnell ein gutes Bild von deren Werten und Zielen.

Es ist daher besonders wichtig, sich noch einmal grundlegend über das Thema Prioritäten Gedanken zu machen. Gerade bei diesem Thema spielen eingefahrene Gedankenmodelle, die sich seit Jahrzehnten wiederholen, eine Rolle. Es ist an der Zeit, diese zu hinterfragen.

Vielleicht arbeiten Sie ja bereits nach einer A,B,C-Prioritätenliste. Diese Prioritäteneinteilung wird dem amerikanischen Präsidenten Dwight D. Eisenhower (1953–1961) zugeschrieben, der im

Zweiten Weltkrieg General der amerikanischen Streitkräfte war und 1950–52 die NATO-Streitkräfte befehligte. Ein Mann also, der sehr oft in seinem Leben Prioritäten setzen musste. Dabei half ihm eine ganz einfache Matrix, in der beide Eigenschaften, „wichtig" und „dringlich", auf jeweils einer Achse dargestellt werden. Es entsteht folgende einfache Matrix:

1. Die Aufgabe ist weder wichtig, noch dringlich. In diesem Fall sollte diese Aufgabe in der Mülltonne landen oder rationalisiert, d.h. von anderen Menschen auf regulärer Basis erledigt werden.

2. Die Aufgabe ist nicht wichtig aber dringlich. Das ist die häufigste Eigenschaft von Aufgaben, die uns jeden Tag begegnen. Da diese Aufgaben für unsere Ziele nicht wichtig sind, sollten wir versuchen sie zu delegieren – oder besser noch – auch hier auf täglicher Basis zu rationalisieren. Diese Aufgaben werden als C-Aufgaben bezeichnet und bekommen somit die niedrigste Priorität.

3. Es gibt Aufgaben, die wichtig sind, aber noch nicht dringlich. Wir haben also Zeit sie zu erledigen. Da sie aber für die Erreichung unserer Ziele wichtig sind, bekommen sie eine höhere Priorität und sind B-Aufgaben.

4. Aufgaben die wichtig und dringlich sind, haben die höchste Priorität. Es sind die A-Aufgaben.

Viele Menschen haben mit diesem Wissen des klassischen Zeit-managements versucht, Ordnung in ihr Leben zu bekommen. Wurde ihr Leben und ihre Organisation dadurch besser?

Vielleicht war Dwight D. Eisenhower besonders selbstdiszipli-niert und konnte sehr gut seine Zeit auf das Wesentliche fokus-sieren. Die meisten Menschen, die diese Matrix anwenden, ertap-pen sich doch dabei, dass sie sich stets in den Feldern „A" und „C" aufhalten. Eine Feststellung, die mir bisher in jedem Seminar bestätigt wurde.

Sie fühlen sich trotz Prioritäten dennoch gehetzt, „gelebt" und nicht Herr Ihrer Zeit?

Ich kannte einen Mann, einen Topmanager in einem großen deut-schen Industriebetrieb, er war mein Patient. Bedingt durch einen entsprechend ungesunden Lebensstil und auch durch schicksal-hafte Fügung hatte er eine sehr schwere Krankheit, die eine große Operation notwendig machte. Am Abend vor der Operation ver-brachte ich viel Zeit mit ihm. Er erzählte mir ein wenig von sei-nem Leben, und dass er noch vorhatte, mehr Zeit in seinem Haus am Mittelmehr zu verbringen. Er hatte es schon vor langer Zeit gekauft, war aber erst dreimal dort gewesen. Auch hatte er jetzt genügend Geld, seinen Kindheitstraum, eine eigene Yacht, zu erfüllen. Auf der letzten Bootsausstellung hatte er sich bereits seine Traumyacht bestellt. Das Leuchten in seinen Augen verriet, wie sehr er sich darauf freute. Er kam bisher nicht dazu, seine Träume zu leben und sein Haus in Spanien öfter aufzusuchen. Er sollte es auch nicht wiedersehen und nie mit seiner neuen Yacht, seinem Kindheitstraum, segeln. Nach einigen Monaten schwerer Operationen und Aufenthalt auf der Intensivstation siegte die Krankheit. Es war zu spät.

Diese und viele andere Geschichten haben auch mich bewegt umzudenken. Wie wichtig ist es für Sie umzudenken? Warum sind wir eigentlich so oft gehetzt und kommen nicht zu den Din-gen, die uns wirklich wichtig sind?

Die Ursache liegt in den Eigenschaften des „Dringlichen" gegenüber dem „Wichtigen". Dringliche Aufgaben zwingen sich uns auf.
Sie sind es die quasi handeln und wir sind diejenigen, die dabei
reagieren. Dringliche Aufgaben und Probleme stellen sich vor uns
und schreien uns an: „Erledige und löse mich – jetzt!" und wenn
wir ein bestimmtes Verhaltensmuster gelernt haben, wie es in
unserer Kultur recht verbreitet ist, nennen wir es „richtig und
pflichtbewusst zu funktionieren"; dann tun wir unsere Pflicht, die
wir darin sehen, die an uns herangetragenen Aufgaben sofort zu
lösen. **Wir reagieren!**

Das Problem mit den wirklich wichtigen Dingen in unserem
Leben ist hingegen, dass sie lange Zeit nicht dringlich sind. Wenn
sie dringlich werden, dann befinden wir uns in dem Ausnahme-
zustand der Krisen, die uns immer öfter heimsuchen. Der Tagesablauf mancher Menschen besteht aus lauter Krisen. Was ist der
Grund?

Für wirklich wichtige Dinge müssten wir agieren! Wir müssten
also von uns aus aktiv werden, um sie anzugehen und in die Realität zu überführen. Da es aber genügend Aufgaben gibt, auf die
wir reagieren müssen, verhalten wir uns nach unserem anerzo-
genen Wertesystem und bleiben reaktiv.

Wenn Sie wirklich erfolgreich sein wollen, dann brechen Sie mit
dieser Gewohnheit und werden Sie aktiv. Konzentrieren Sie sich
auf die wichtigen und wesentlichen Dinge in Ihrem Leben, noch
bevor sie dringend werden.

Aus diesem Grund wurde in „LebensStrategie" das Prinzip der
Prioritäten grundsätzlich verändert. Als wichtigste Priorität gilt
in dem neuen System die Kategorie „wichtig" und „nicht dringlich", die alte Priorität B, für die sonst immer Termine festgesetzt
wurden, und deren Lösung sich dann immer weiter verschoben
hat. Es ist von großer Bedeutung, dass Sie sich immer wieder
bewusst machen: Es ist meine höchste Priorität. Je mehr Zeit ich
dafür verwenden kann, desto mehr werde ich Herr über meine

Zeit werden und ausgeglichen leben. Wir alle sind so sehr geeicht auf Krisensituationen und deren höchste Priorität, ganz gleich ob wir diese bisher mit A, 1 oder I bezeichnet haben, dass wir lieber im Kreislauf der Reaktion verbleiben.

Werden Sie aber ein strategischer Zeitmanager, indem Sie vom reaktiven Zeitmanagement zum proaktiven und geplanten Zeitmanagement überwechseln.

Der Bereich „wichtig – nicht dringlich" ist der Bereich, der unseren strategischen Vorteil ausmachen wird. Wenn wir es schaffen, möglichst viel Zeit hier zu investieren, dann wird automatisch die „Gewitterkategorie" geringer, in der wir uns ständig in einer Krisensituation befinden.

Diese Krisensituationen fordern ganz von selbst unsere Zeit und Aufmerksamkeit. Sie haben dies in der Vergangenheit getan und werden dies auch in der Zukunft tun. Wichtig ist allein, dass wir uns möglichst intensiv auf unsere A-Prioritäten konzentrieren.

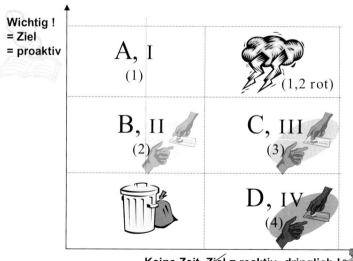

Noch etwas weiteres ist an diesem Prioritätensystem anders: Ich weiß nicht, wie es Ihnen geht, aber meine Aufgaben sind so vielschichtig, dass ich sie nicht nur in wichtig und unwichtig unterscheiden kann. Es gibt eine ganze Reihe von Aufgaben, die an mich herangetragen werden und die wirklich unwichtig sind. Wenn diese nicht dringlich sind, dann werde ich immer bemüht sein den Mülleimer (ob echt oder geistig) aufzumachen. Sind diese Aufgaben dringend und fordern sie Handlung, dann werde ich immer versuchen, dass andere Menschen handeln und ich eine Form der Delegation abwenden kann.

Es gibt aber eine Vielzahl von Aufgaben, die jetzt nicht direkt unwichtig sind, sondern ein kleines Stück zu meinen Zielen beitragen können. Vielleicht tragen Sie auch nicht dazu bei. Es sind Aufgaben, die wichtig sein und die meinen Zielen dienen können. Aufgaben, die aber auch meinen Grundwerten entsprechen, ohne dass sie direkt mit einem Ziel in Verbindung stehen: Besprechungen, Informationen, Lerninhalte, Veranstaltungen, Kontakt zu Menschen, mögliche Aufträge, – die Welt ist selten schwarz oder weiß, sondern grau (oder besser noch bunt). Um diese Kategorie Aufgaben geht es häufig in Ihrem Alltag, denn es ist nicht die Werbepost, an die wir unsere Zeit verschwenden und die meistens „unwichtig und nicht dringlich ist". Es sind die vielen Schattierungen, die wir nicht sofort einschätzen können. Darum der Vorschlag: Verfeinern Sie Ihre Prioritäten, ergänzen Sie die dargestellten Beispiele und nehmen Sie sich die Zeit zur grundsätzlichen Definition Ihrer Prioritäten.

Die numerischen Prioritäten in Klammern sind für die Verwendung des elektronischen Zeitmanagements gedacht, der lediglich 1-5 kennt (Eine ausführliche Beschreibung finden Sie in meinem Buch, „eTiming"). Wenn Sie Ihre Aufgaben mit einem auf Papier basierten System planen, dann können Sie für die Gewitterkategorie auch wirklich das Zeichen eines Blitzes verwenden. Auf diese Weise werden Sie daran erinnert, wieviele dieser Stress-Kategorien in Ihrem Tag vorherrschen und Sie werden mit der Zeit sehen, dass diese Kategorie in Ihrer Planung abnimmt.

⚡   Wichtig und dringend: Das Feld an Aufgaben, die uns Krisen und Probleme bereiten, mit denen wir jeden Tag zu kämpfen haben.

A   Wichtig und nicht dringend: Das Feld unserer Aufgaben, auf das wir soviel Aufmerksamkeit wie möglich legen sollten, da unsere Ziele hier stressfrei erreicht werden müssen! Es wird oft nötig sein, dass wir diese Aufgaben mit Terminen versehen, wichtig ist aber, dass wir uns bei diesen Terminen die Zeit nehmen, die Probleme aktiv anzugehen (eigentliches strategisches Zeitmanagement).

B   Bedingt wichtig und nicht dringend: Dies ist das Feld unserer Aufgaben, die für unsere Ziele wichtig sein können. Unsere Aufmerksamkeit sollte hier besonders groß sein. Die proaktiv planbare Zeit schließt diese Prioritäten mit ein. Ebenso wie bei A-Prioritäten werden Sie diese Aufgaben terminieren. Denken Sie aber auch daran, andere Menschen in deren Umsetzung mit einzubeziehen und Teile zu delegieren!

C   Bedingt wichtig und dringend: Dieses Feld macht einen großen Teil unseres Alltags aus, und wir müssen lernen, hier sowohl zu delegieren, was delegierbar ist, und effizient zu erledigen, was wir selbst erledigen müssen. Versuchen Sie diese Aufgaben gut und ebenso schnell zu erledigen!

D   Nicht wichtig und dringend: Das Feld der häufigen Versuchung. Aufgaben stellen sich uns in den Weg und sagen: „Erledige mich!"; sie dienen aber nicht unseren Zielen. Da sie zeitlich dringlich sind, müssen Sie aber erledigt werden. Stellen Sie sicher, dass andere diese Aufgaben übernehmen, oder wenn Sie sie selbst erledigen müssen, dass sie sehr rasch vom Tisch sind, und dass sie zahlenmäßig abnehmen.

Wochenplanung (Der 2. Horizont)

Um die neue Prioritätenmatrix erfolgreich nutzen zu können, brauchen wir ein zusätzliches Werkzeug: Die Wochenplanung (Planung unseres 2. Horizontes).

Wenn Sie die Dinge betrachten, die Ihnen wirklich wichtig sind, die aber bisher immer zu kurz kamen, weil sie nicht dringlich waren, wird das Problem deutlich. Ein Tag ist in der Regel zu kurz, um alle Lebensbereiche zu berücksichtigen. Der 3. Horizont (Monat) oder der 4. Horizont (Jahr) sind allerdings zu weit entfernt, um für die tägliche Planung verwendet werden zu können. Der ideale Zeitraum für das strategische Zeitmanagement ist die Woche, die proaktive Planung unseres 2. Horizontes.

Die Planung des 2. Horizontes unterstützt Sie dabei, Ihr eigenes Leben aktiv zu gestalten und nicht, wie bisher, gelebt zu werden. Egal welchen Zwängen Sie unterliegen, egal was an Arbeit alles erledigt werden muss, der einzige Weg zu einem Leben, das Sie selbst in der Hand halten, liegt darin, einen Teil Ihrer Zeit zurückzugewinnen und proaktiv zu gestalten. Sagen Sie jetzt nicht, dass diese Zeit Ihnen nicht zur Verfügung steht! Sie werden sich diese Zeit nehmen können. Durch die Impulse von persönlicher Effektivität und Effizienz werden Sie zusätzlich Zeit finden. Wenn diese allerdings nicht proaktiv eingesetzt wird, dann passiert genau das gleiche, was bisher immer passiert ist – Sie werden Opfer Ihrer augenblicklichen Stimmung (oft ist das der bequeme Impuls doch auf der Couch Platz zu nehmen und den Fernseher anzuschalten, denn man hat sich ja schließlich eine Pause verdient) oder Sie werden Opfer anderer Menschen, die gerade etwas von Ihnen wollen. Bedenken Sie die Worte von Abraham Lincoln:

> *Wenn du immer das tust, was du immer getan hast, dann wirst du immer das bekommen, was du immer bekommen hast.*

> ABRAHAM LINCOLN

Vielleicht gehören Sie zu den ganz wenigen Ausnahmen, die es wirklich geschafft haben, ihre Zeit durchweg sinnvoll zu verbringen. Die meisten Ihrer Mitmenschen schaffen dies nicht, wie eine Studie von Prof. Geisler aus München gezeigt hat. Nach dieser Studie, die von einer durchschnittlichen Lebenserwartung von 75 Jahren ausgeht, verbringen Menschen 8,3 Jahre vor dem Fernsehgerät und nur 7,5 Jahre mit Arbeiten. Studien aus den USA zeigen, dass bereits heute Kinder mehr Zeit vor dem Fernseher verbringen, als in der Schule. Dies ist nur ein Beispiel (ein beliebtes, das gebe ich zu), aber der Fernseher bekommt bereits zeitintensive Konkurrenz durch das Internet, Computerspiele, SMS & WAP, sowie mit den zahlreichen Klatschblättern und Werbebroschüren. Menschen haben anscheinend unendlich viel Zeit und auch nichts Besseres mit ihrem Leben anzufangen, als so die Zeit „totzuschlagen" oder zu „vertreiben".

Eine aktuelle Studie „Massenkommunikation 2000" belegt, dass der Medienkonsum der Deutschen bei durchschnittlich 502 Minuten pro Tag (!) liegt. Das sind mal eben 8 Stunden und 22 Minuten jeden Tag. Davon entfallen durchschnittlich 206 Minuten auf den Hörfunk, 185 Minuten auf das Fernsehen, 36 Minuten auf Musikhören, 30 Minuten auf das Lesen der Tageszeitung, 18 Minuten auf das Lesen von Büchern, 13 Minuten im Internet und 10 Minuten Zeitschriften. Die Deutschen schauen im Durchschnitt 3 Stunden und 5 Minuten pro Tag fern, und Sie wollen mir erzählen, dass keine Zeit für strategisches Zeitmanagement bleibt?

Finden Sie also heraus, was wirklich wichtig in Ihrem Leben ist, und vergeben Sie sorgfältig die A- und B-Prioritäten. Da diese Aufgaben und Ziele nicht dringlich sind, müssen Sie ihnen besondere Aufmerksamkeit schenken.

Die Tagesplanung eignet sich, wie gesagt, relativ schlecht dafür, da Sie wahrscheinlich nur maximal zwei Stunden am Tag für sich verplanen können (oder, wenn Sie es noch nicht tun, verplanen sollten). Manche Tage stehen Ihrer Planung auch nicht zur Verfügung. Entweder Sie sind auf Reisen oder Sie haben eine ganze

Reihe von Besprechungen und Verpflichtungen. Ein anzustrebender Grundsatz wird es sein, diesen Zustand zu ändern, aber die Woche als 2. Horizont ist die beste strategische Planungseinheit.

Stephen R. Covey hat in seinem Werk „First things first" bereits darauf hingewiesen, dass die Woche eine gut planbare Zeiteinheit ist, und dies durch ein schönes Bild belegt, das ich auch gerne ganz praktisch in meinen Seminaren durchführe.

Bei der herkömmlichen, nicht strategischen Planung, verläuft eine Woche ungefähr so, wie wenn Sie ein Glas mit Sand und Steinen füllen würden. Der Sand symbolisiert dabei die alltäglichen Aufgaben (C- und D-Prioritäten) und die Steine symbolisieren Ihre A- und B-Prioritäten.

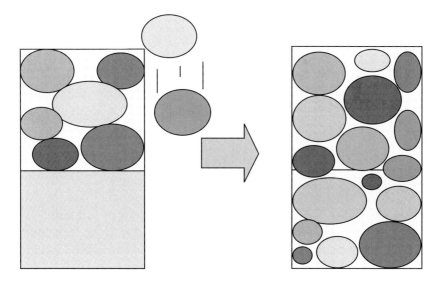

Zuerst füllen wir das Glas mit all den alltäglichen Aufgaben, mindestens die Hälfte unserer Zeit wird dafür verwendet. Dann, in die verbleibende Zeit, füllen wir unsere wichtigen Aufgaben aus allen Lebensbereichen. Oft kommt es dann vor, dass Tätigkeiten und Ziele, die wir uns vorgenommen haben, nicht mehr hineinpassen. Wir vertrösten uns auf das nächste Wochenende, an dem dann wieder keine Zeit sein wird, usw.

Strategisches Management zeichnet sich aber nicht dadurch aus, dass Sie Ihren Terminen und Aufgaben Prioritäten geben und dann für diese doch keine Zeit haben. Strategisches Management zeichnet sich dadurch aus, dass Sie Ihren Prioritäten die dafür notwendige Zeit einräumen und sich für sie Zeit nehmen. Bleiben wir bei dem von Covey eingeführtem Modell des Glases:

Zuerst platzieren Sie Ihre Prioritäten (Steine) und erst dann lassen Sie den Alltag (Sand) zu. Der gleiche Alltag wird sich nun um Ihre Prioritäten herum organisieren, ohne dass Ihnen wichtige Tätigkeiten und Ziele verloren gehen. Eindrucksvoll fließt der Sand um die Steine, und genau die ganze Menge findet Platz im Glas.

Natürlich müssen Sie eine individuelle Menge an Zeit für diese Form der Planung vorsehen. Da immer wieder die Frage auftaucht, wieviel Zeit dies denn sein soll, habe ich folgenden 10+10-Rat entwickelt: Nehmen Sie sich pro Woche 10 Stunden Ihrer bisherigen Arbeitszeit und planen Sie diese sorgfältig für A- und B-Prioritäten Ihrer Arbeitsziele. Nehmen Sie sich zusätzlich 10 Stunden Ihrer privaten Zeit und planen Sie damit A- und B-Prioritäten aus Ihrem privaten Bereich.

Bei dieser Eingangsübung werden Sie schnell merken, ob dies für Sie zuviel Zeit für den Anfang ist oder ob es möglich sein wird, diese Zeit langsam auszubauen. Gegen alle anderen Empfehlungen der klassischen Zeitmanagementliteratur lege ich den Anspruch so hoch, dass eines Tages die Hälfte Ihrer beruflichen und privaten Zeit für die Dinge zur Verfügung steht, die Ihnen auch wirklich wichtig sind und Ihren Zielen entsprechen.

In der Praxis wird die Planung so aussehen, dass Sie an einem Sonntag oder Montag die bevorstehende Woche planen. Schreiben Sie auf, welchen A- und B-Prioritäten Sie in dieser Woche einen Termin einräumen wollen. Um gleichzeitig Ihre Lebens-

Balance zu berücksichtigen, verwenden Sie am besten untenstehendes Format, das dem 9S-Modell der LebensBalance unserer Lebensbereiche entspricht. Tragen Sie für jeden Bereich, bezogen auf die kommende Woche, ein, was Ihnen in diesem Bereich wirklich wichtig ist, und ein Ziel, das Sie in der zur Verfügung stehenden Zeit erreichen oder an dem Sie arbeiten wollen. Ich mache diese Eintragungen immer mit einem Bleistift, so dass ich einige Formulare mehrere Wochen verwenden kann, da sich die Ziele in einigen Bereichen in den nächsten Wochen nicht ändern werden, in anderen Bereichen allerdings schon. Dieses Formular können Sie dann in eine spezielle Einlage einfügen und zu Ihrem Wochenplan heften.

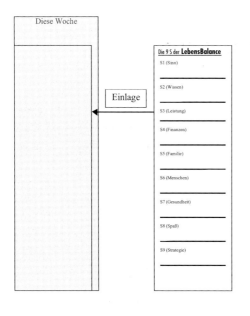

Bei der Planung einer Woche nehmen Sie sich nun den Wochenplan vor, in dem schon einige Termine eingetragen sein werden, und vergeben gemäß der 10+10-Regel (oder anderen Zeiteinheiten, die Ihnen passen) Termine für Ihre eingetragenen Prioritäten. Wichtig ist, dass jeder Bereich seinen Termin bekommt. Der Umfang wird von Woche zu Woche verschieden sein, aber denken Sie daran, dass der Augenblick zählt und somit auch jede Woche für sich.

Zum Beispiel fragen Sie sich bei Ihrer Wochenplanung, was Sie diese Woche für den Sinn in Ihrem Leben tun möchten. Diese Frage hört sich viel heftiger an als sie eigentlich ist. Denn Tätigkeiten, die uns unserem eigenen Sinn näher bringen, müssen keine großartigen humanitären Werke sein (können dies natürlich auch sein), sondern helfen uns dabei, auf den Sinn im Leben zu fokussieren, wenn wir uns Zeit zum Meditieren, zum Beten, für die Kirche oder die Lektüre eines entsprechenden Buches nehmen. In dem Bereich unserer eigenen Schulung können wir uns immer wieder daran erinnern, welche Bücher wir lesen wollen, und uns dafür auch Zeit nehmen.

Die 9 S der **LebensBalance**

Sinn

Wieder in die Kirche gehen, Buch (Wie in einem Traum) von Korinna ausleihen. Zwei mal meditieren.

Schule (Wissen)

Finanzierung lernen (Buch) CBT Financial Analysis und Finanzierung. Seminarkatalog beim SchmidtColleg im Internet ansehen.

Spitzenleistung (Beruf)

Angebot Fa. Milke, Marketingplan, Mitarbeiterbefragung.

Schatz (Finanzen)

Fond, Sparplan, Finanzbudget.

Sport (Gesundheit, Körper)

Jeden Tag laufen, Marathonplan, Obst und Salat, 1 kg abnehmen.

Soziales Netzwerk (Menschen)

Mit Christoph Abendessen vereinbaren, Thomas anrufen, Briefe nach NZ, CD an Dr. Meier.

Sicherheit (Familie)

Mit Leon auf den Spielplatz (3x), Abend mit Korinna, Vater, Opa schreiben.

Spaß

Strategie

© Copyright 2001 Schmidt Colleg GmbH   Art.-Nr. A64231

Zunehmend gibt es ein Angebot von Computertrainingsmöglichkeiten und Hörkassetten, die wir uns besorgen können, aber auch Seminare, die wir in einem Jahr besuchen wollen. Dies alles sollte geplant werden. Trotz moderner Technik werden Lernerlebnisse zusammen mit anderen Menschen immer bedeutsam bleiben. Seminare sind eine sehr effektive Form sich weiterzuentwickeln.

Bei Spitzenleistung sind nicht Ihre Routinearbeiten gefragt (die können Sie in Ihre Aufgabenplanung eintragen) sondern die wirklich wichtigen Tätigkeiten, zu denen Sie bisher immer nicht gekommen sind. Die Bereiche Finanzen (Schatz) und Gesundheit (Sport) müssen in der Regel proaktiv geplant werden. Das soziale Netzwerk pflegen wir, indem wir von uns aus mit anderen Menschen in Kontakt treten. Unsere Familie soll einen großen Teil unserer Zeit mit uns verbringen, aber auch Spaß muss sein. Nehmen Sie sich Zeit – und wenn es nur eine Stunde ist – für etwas, das Ihnen richtig Spaß macht. Als letztes verplanen Sie weitere Zeit für Ihre Strategie.

Mit diesen Prioritäten blicken Sie nun auf die Woche und setzen Termine für diese Prioritäten, indem Sie aktiv Zeitfenster vergeben und somit Ihren Wochenplan proaktiv gestalten.

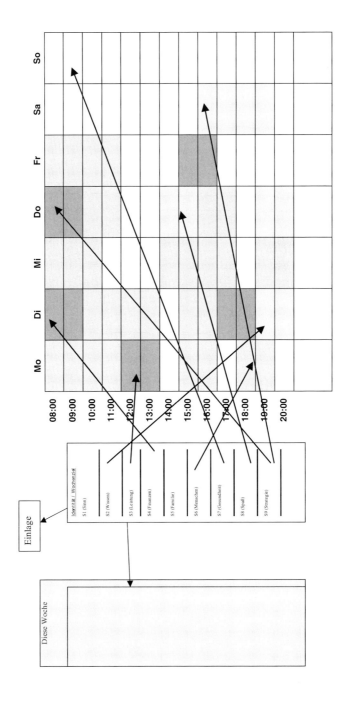

150

Es ist gleichgültig, ob Sie diese Planung auf Papier oder auf dem Computer durchführen. Wichtig ist nur, dass Sie A-Prioritäten, die Sie mit sich selbst vereinbart haben, auf jeden Fall einhalten, so als ob es sich dabei um einen Termin mit einem Kunden oder einem Freund handelt. Erst diese Einstellung ermöglicht Ihnen einen Wandel vom reaktiven Zeitmanagement hin zum strategischen Zeitmanagement.

Es ist erstaunlich, dass Kundentermine oder Verabredungen mit anderen Menschen immer wichtiger sind als unsere A-Prioritäten. Finden Sie die richtigen Zeiteinheiten, die Sie verplanen können. Fangen Sie mit der 10+10-Regel an und Sie werden sehr schnell feststellen, wieviel proaktive Zeit in Ihrer Planung möglich ist. Versuchen Sie dabei stets, diesen Zeitraum möglichst groß zu halten und immer wachsen zu lassen.

ÜBUNG 9: **Wochenplanung**

Nehmen Sie einen Plan der nächsten Woche zur Hand, mit allen Terminen und Verpflichtungen, die dort bestehen. Schematisch könnte dieser Plan nach Ihrer Einteilung folgendermaßen aussehen.

	Mo	Di	Mi	Do	Fr	Sa	So
08:00	Mitarbeiter	Artikel		QM			
09:00	Workshop	fertig		Workshop			
10:00	Gespräch						
11:00	Angebot						
12:00	Artikel						
13:00	schreiben						
14:00				Sport			
15:00	Post			Sport	Strategie		
16:00	Telefon				Strategie	Segeln	
17:00		Monatplan				Segeln	
18:00	Projekt	Entscheidung GF				Segeln	
19:00	Meeting	Mit Kindern		Essen		Segeln	
20:00		schwimmen		Essen			

	Mo	Di	Mi	Do	Fr	Sa	So
08:00							
09:00							
10:00							
11:00							
12:00							
13:00							
14:00							
15:00							
16:00							
17:00							
18:00							
19:00							
20:00							

Die dunklen Felder entsprechen Ihren bereits bestehenden Verpflichtungen. Wenn Sie die 10+10-Regel anwenden, heißt das, dass Sie 10 Stunden Zeit für Ihre A- und B-Prioritäten aus dem beruflichen Bereich vergeben haben. Bezogen auf das LebensBalance-Modell wären dies die Bereiche (1) Sinn, (2) Schule, (3) Spitzenleistung, (4) Finanzen und (9) Strategie, wobei es hier auch Überschneidungen zum privaten Bereich geben kann.

Die anderen 10 Stunden Zeit haben Sie für den privaten Bereich vergeben oder für die Bereiche (5) Sport, (6) Soziales Netzwerk, (7) Familie und (8) Spaß.

Sehr schnell werden Sie feststellen, ob die 10+10-Regel für den Anfang zu viel Zeitaufwand für Ihre neuen A- und B-Prioritäten bedeutet, oder ob Sie diese Zeiten schnell ausbauen können. Bedenken Sie auch, dass viele Tätigkeiten, die in diese neuen A- und B-Kategorien fallen, von Ihnen auch in der Vergangenheit bereits bewältigt wurden, die allerdings durch Störungen oft in die Länge gezogen wurden.

Stellen Sie sich für Ihre Wochenplanung folgende Fragen:

Analyse der letzten Woche

1.) Was lief in der letzten Woche besonders gut? Welche geplanten Aktivitäten sind mir gut gelungen?

2.) Was klappte letzte Woche nicht so, wie ich es geplant hatte?

3.) Welche der 9 S meiner LebensBalance habe ich proaktiv mit Leben gefüllt?

4.) Welche Bereiche kamen zu kurz?

Betrachtung der Monats- (3. Horizont) und Jahresziele (4. Horizont)

5.) Welche Monatsziele sind für diesen Monat noch offen? Was kann ich nächste Woche tun, um diesen Zielen näher zu kommen?

6.) An welchen Jahreszielen arbeite ich gerade?

7.) An welchen Jahreszielen möchte ich arbeiten?

Planung der kommenden Woche

8.) Wieviel Zeit werde ich in der kommenden Woche für meine beruflichen _____ und meine privaten _____ A- und B-Prioritäten verwenden? Werde ich es schaffen, mehr Zeit für meine A-Prioritäten zu verwenden? Kann ich andere Menschen in meine B-Prioritäten einbinden?

9.) Was für mich Sinnvolles und Erfüllendes werde ich nächste Woche erledigen?

10.) Was werde ich für meine Weiterbildung tun? Welche Bücher möchte ich lesen? Über welche Fortbildung werde ich mich informieren? Gibt es Audio-Tapes, die ich anhören kann? Gibt es ein Computer-basiertes Training, dass ich absolvieren möchte?

11.) Was werde ich in der nächsten Woche tun, um den Wert, den ich beruflich für meine Firma und meine Kunden erbringe noch weiter zu steigern? Welchen Nutzen werde ich anderen Menschen bieten?

12.) Was tue ich nächste Woche für meine Gesundheit? Werde ich mich sportlich betätigen? Möchte ich mich auf einen Aspekt meiner Ernährung konzentrieren? Was tue ich für meine Entspannung?

13.) Mit welchen Menschen möchte ich in der nächsten Woche Kontakt haben? Was tue ich für mein soziales Netzwerk? Wem danke ich? Wem gratuliere ich zum Geburtstag? Mit wem möchte ich mal wieder ein kleines Fest feiern oder Essen gehen?

14.) Was werde ich in der nächsten Woche für meine Familie tun? Wie zeige ich meine Liebe zu meinem Lebenspartner und zu meinen Kindern?

15.) Was werde ich nächste Woche tun, um so richtig Spaß zu haben?

16.) Was werde ich für meine persönliche Strategie tun? Gibt es neue Ziele, die ich formulieren möchte? Gibt es neue Wege zu den formulierten Zielen?

Tragen Sie die 10+10-Zeiten in Ihren Wochenplan ein und stellen Sie sich kurz die Woche, die vor Ihnen liegt, bildlich vor. Nehmen Sie sich ein paar Minuten hierfür und beachten Sie die Bilder, die dabei in Ihnen entstehen.

17.) Gibt es in der nächsten Woche irgendwelche Gefahren, auf die Sie sich besser vorbereiten können? Gibt es in der nächsten Woche besondere Möglichkeiten und Gelegenheiten?

Ende der Übung 9: Wochenplanung

Tagesplanung: Der 1. Horizont)

Gegenüber der Fähigkeit, die Arbeit eines Tages sinnvoll
zu ordnen,
ist alles andere im Leben ein Kinderspiel.

JOHANN WOLFGANG VON GOETHE

Mit der Tagesplanung fokussieren wir auf den 1. Horizont, unsere Ziele für den Tag. Wie bereits im letzten Kapitel angesprochen, ist es für die eigene Organisation von großer Bedeutung, sich jeden Tag 15 Minuten Zeit für die eigene Planung zu reservieren und in dieser Zeit auch den vor uns liegenden Tag zu planen.

Ob elektronisch oder mit Papier, der Tagesplan kann mit beiden Medien sehr gut durchgeführt werden. Die elektronische Variante, die in dem Buch „eTiming" ausführlich beschrieben wird, hat den Vorteil, wiederkehrende Aufgaben automatisch einzublenden und Verschiebungen von Terminen einfacher durchführen zu können. Wenn ein elektronischer Organizer eingesetzt wird, erfolgt die Tagesplanung in der Regel auch hier, da der Abgleich von Terminen über ein Netzwerk mit anderen Personen oder ein Workflow Managementsystem einen weiteren großen Vorteil der elektronischen Variante darstellt.

Dennoch hat auch das Papier seine Vorteile. Viele Notizen, die wir uns während des Tages machen, können an einer definierten Stelle, nämlich in unserer Tagesplanung, festgehalten werden. Nachfolgend werden die klassischen und neuen Komponenten der Tagesplanung beschrieben.

• Eintrag der Termine und zeitlich gebundenen Aktivitäten

• Eintragung der beruflichen Aufgaben mit Prioritäten und Zeitbedarf (evtl. auch mit eigener Bewertung)

• Eintragung der Anrufe, E-Mails, Briefe und Faxe, die an diesem Tag erledigt werden müssen,

- Eintragung der privaten Aufgaben mit Prioritäten und Zeitbedarf.

- Tagesnotizen.

Verplanen Sie immer nur einen bestimmten Prozentsatz des Tages. Das klassische Zeitmanagement spricht von 50–60%. Den für Sie relevanten Prozentsatz müssen Sie selbst herausfinden. Mit der 10+10-Regel haben Sie bereits begonnen, einen Teil Ihrer wöchentlichen Zeit proaktiv zu verplanen. Gehen Sie dazu über, diese Stundenwerte auf Ihre eigene Organisation anzupassen.

Aufgabenliste vs. Tageszuordnung

Für Ihre Aufgaben gibt es zwei verschiedenen Orte für die Planung. Entweder Sie tragen eine Aufgabe direkt bei der Planung eines Tages ein, oder Sie nehmen diese Aufgabe in Ihre Aufgabenliste. Tragen Sie eine Aufgabe nicht zweimal ein, da es unnötige Arbeit ist. In der Regel werden Aufgaben, die einem bestimmten Tag zugeordnet werden können und auch an dem Tag abgearbeitet werden sollen, auch bei diesem Tag eingetragen.

Die Aufgabenliste dient der Formulierung von Aufgaben, die bis zu einem bestimmten Tag erledigt sein müssen (aber natürlich auch früher erledigt werden können). Der richtige Umgang mit Aufgabenlisten sieht so aus, dass Sie auch hier sehr proaktiv mit dem Werkzeug arbeiten. Falls Sie Aufgabenplanung mit dem PC betreiben und Ihre Aufgabenlisten ständig mehr rot (überfällig) als schwarz (noch offen) sind, dann machen Sie etwas falsch und können sich dieses Werkzeug auch sparen.

ÜBUNG 10: **Tagesplanung**

Führen Sie in Ruhe eine ideale Tagesplanung durch. Nehmen Sie sich für die nächsten Tage ausreichend Zeit, um auch den jeweiligen Zeitbedarf zu planen und zu analysieren. Liegen Sie in Ihren Einschätzungen richtig?

Verwenden Sie Ihre Planungszeit für folgende Tätigkeiten:

• Eintrag der Termine und zeitlich gebundenen Aktivitäten,

• Eintragung der beruflichen Aufgaben mit Prioritäten und Zeitbedarf (evtl. auch mit eigener Bewertung)

• Eintragung der Anrufe, E-Mails, Briefe und Faxe, die an diesem Tag erledigt werden müssen,

• Eintragung der privaten Aufgaben mit Prioritäten und Zeitbedarf,

• Tagesnotizen,

• Betrachten Sie Ihre Tagescheckliste.

Vergessen Sie auch nicht ein paar Sätze zu dem abgelaufenen Tag, die Ihnen helfen die Ereignisse des Tages noch einmal zu reflektieren. Schreiben Sie Ihr Tagebuch.

Ende der Übung 10: Tagesplanung

Tagebuch

Viele Menschen hätten gerne mehr Selbstbewusstsein und suchen die Abhilfe bei psychologischer Ausbildung und Trainings. Wenn ich in einer sich vertrauenden Gruppe frage, wer denn gerne mehr Selbstbewusstsein hätte, dann heben sich in der Regel alle Finger, auch die von durchaus selbstbewusst erscheinenden Menschen. Hier liegt auch das Problem. Wir leben in einer Welt, in der Scheinen mehr zählt als Sein. Zwischen Schein und Sein liegt aber, wie Sie wissen, ein sehr großer Unterschied. Auf der anderen Seite wundert es mich nicht, wenn alle Finger unten bleiben, wenn ich frage, wer denn ein Tagebuch führt. Keiner.

Nun, was hat denn das Selbstbewusstsein mit dem eigenen Tagebuch zu tun?

Ganz einfach, wenn Sie mehr Selbstbewusstsein haben wollen, müssen Sie damit beginnen, sich Ihrer selbst mehr bewusst zu werden. Wie können wir besser bewusst werden? Eine Methode hierfür ist da, jeden Tag zu reflektieren und sich bewusst zu machen, wo Sie an diesem Tag gewesen sind, was Sie gemacht haben, was gut war und was schlecht. Erst wenn wir beginnen, uns selbst von außen, quasi durch ein Fenster der Erkenntnis, zu betrachten und auch zu hinterfragen, beginnen wir langsam ein Bewusstsein unserer Selbst zu entwickeln. Das Selbstbewusstsein ist dabei eine ureigene menschliche Haltung. Wir können reflektieren, was wir tun. Warum machen wir es dann so selten und, vor allem, warum wundern wir uns, wenn das Selbstbewusstsein fehlt?

Vielleicht ist bei Ihnen mal etwas so richtig schief gelaufen (bei mir ist dies jedenfalls schon öfter passiert). Was haben Sie an dem Abend oder in der Zeit nach dem Misserfolg getan? Wahrscheinlich erst einmal tief durchgeatmet und sich gefragt, was hier überhaupt passiert ist. Sie haben die Situation noch einmal betrachtet (sich dann wahrscheinlich auch gleich wieder schlecht gefühlt) und sich gefragt, was Sie hätten besser machen können.

Nichts anderes ereignet sich vielleicht bald jeden Abend, und wenn es nur für einige Minuten ist und wenn es darum geht, sich zu fragen, was denn alles an diesem Tag gut gelaufen ist. Wie bei manchen Übungen und Planungen auch die Analyse an erster Stelle steht, speist unsere persönliche Tagesanalyse als Quelle unser Tagebuch. Sie beginnen, so zu erkennen, wer Sie wirklich sind und auch wer Sie sein wollen. Ein steigendes Selbstbewusstsein ist die logische Folge. Eine positive Warnung muss ich Ihnen dabei mit auf den Weg geben. Diese Tätigkeit beschäftigt sich in hohem Maße mit Ihrem Sein und auch mit den Zielen, die Sie im Seinsbereich haben. Je mehr wir diesen Bereich als unseren wichtigsten Bereich pflegen, um so bedeutungsloser werden viele materiellen Dinge, die Ihnen früher so wichtig waren.

Täglich sehen wir morgens und abends ein paar Minuten in den Spiegel. Wir sind es gewohnt, unser Gesicht und unseren Körper zu pflegen, und der Spiegel gibt uns Auskunft darüber, wie gut uns dies gelingt. Wir bekommen ein Feedback über unseren Körper. Wieviel wertvoller ist jedoch ein Feedback über unsere Seele und unsere Gedanken! Ein Tagebuch ist nichts anderes als solch ein Spiegel unserer Seele. Wir blicken jeden Tag nur ein paar Minuten hinein und sehen ein Feedback, wie es uns wirklich geht und wie wir im Innersten aussehen.

Selbstbewusstsein kann nur entstehen, wenn wir uns unserer selbst bewusst werden.

Bedeutsamer noch als Selbstbewusstsein ist Selbstvertrauen. Trauen wir uns eine Aufgabe oder eine Veränderung zu? Wie fühlen wir uns im Umgang mit neuen Situationen und mit Menschen? Haben wir Vertrauen in uns selbst? Häufig höre ich von renommierten Unternehmern, dass vieles auch an scheinbarer Selbstsicherheit vorgegeben ist. Oft werden sogar schädliche Verhaltensmuster gepflegt und aufrecht erhalten, nur, um den

Anschein zu wahren. Wirkliches Selbstvertrauen ist aber nicht gespielt und kann auch nicht vorgetäuscht werden. Wirkliches Selbstvertrauen wächst von innen heraus. Wenn Sie sich fragen, wie Sie mehr Selbstvertrauen erlangen können, so ist folgender Tipp vielleicht sehr wertvoll:

Ergänzen Sie Ihr Tagebuch durch ein Erfolgsjournal! Schreiben Sie alles auf, was Ihnen gut gelungen ist. Vielleicht reservieren Sie sich hierfür immer die linke Seite eines Tagebuches oder Sie markieren ganz einfach Ihre Erfolge. Viel zu oft missachten wir unsere Leistung und gehen leichtfertig weiter, ohne daraus die Energie zu tanken, die erfolgreichen Augenblicken innewohnt. Schreiben Sie diese Augenblicke in Ihrem Erfolgsjournal auf und lesen Sie regelmäßig nach, was Ihnen alles gut gelungen ist. Sie werden sehen, wie schnell Ihr Selbstvertrauen wächst und wie viel Kraft Sie für zukünftige Aufgaben gewinnen.

Selbstbewusstsein und Selbstvertrauen brauchen regelmäßig Pflege und zeitliche Hingabe. Das Tagebuch mit Erfolgsjournal ist hierfür ein wichtiges und mächtiges Hilfsmittel.

7. Operative Strategie – Effektivität

Die Ablehnung, Unwichtiges zu tun,
ist eine entscheidende Voraussetzung für den Erfolg.

ALEC MACKENZIE

Projektmanagement ist Zielmanagement

Jedes Ziel ist ein Projekt. Egal in welchem Bereich, ob groß oder klein, jedes unserer formulierten Ziele ist letztlich ein Projekt. Viele Ziele sind groß und komplex und werden aus diesem Grund erst gar nicht angegangen. In der Geschäftswelt wird daher das Projektmanagement immer wichtiger. Aber wir können das Wissen von Projektmanagement auch für unsere Ziele verwenden. Aus diesem Grund habe ich eine vereinfachte Version für die operative Strategie entworfen.

Ein Projekt beschreibt die Erreichung eines Zielzustandes zu einem definierten Zeitpunkt mit definierten Kosten und einer bestimmten Anzahl von Mitarbeitern. Je nach Komplexität ist diese Zielerreichung eine große Aufgabe, die sich in viele Teil- und Einzelaufgaben zerlegen lässt. Diese Einzelaufgaben erledigen dann Menschen mit einem definierten Aufwand an Zeit und Geld. Für unser persönliches Zielmanagement werden diese „Menschen" in der Regel wir selbst sein. Aber wir können hierbei schon überlegen, welche anderen Personen an diesem Ziel beteiligt sind, oder sein sollten.

Die Summe der erledigten Einzelaufgaben ergibt den, als Projektziel definierten, Zielzustand. Je komplexer ein Projekt, desto größer der Aufwand. Wichtig ist hier aber, dass auch der Aufwand, ein Projekt (Ziel) zu planen, die Durchführung zu begleiten und den Erfolg zu messen, größer ist. Jeden Tag scheitern unzählige Projekte genau daran, dass nicht genügend Zeit für die Planung und Umsetzungsbegleitung angesetzt wird. Gleiches gilt auch für unsere großen Ziele.

Weitere Gründe für das Scheitern von Projekten sind:

- Das Ziel ist nicht klar definiert.
- Einzelaktivitäten werden nicht abgestimmt.
- Verantwortlichkeiten sind unklar.
- Aufgaben werden schlecht oder gar nicht durchgeführt.
- Der Projektfortschritt wird nicht gemessen.

Da Projektmanagement und die Beachtung dieser häufigsten Fehler ein wichtiger Bestandteil für die Erreichung unserer Ziele sind, beinhaltet „LebensStrategie" ein einfaches Modell für Projektmanagement (= Zielmanagement).

Ein guter Projektmanager (Zielmanager) zeichnet sich dadurch aus, dass er sich auf die verschiedenen Erfolgsfaktoren eines Projektes konzentrieren kann und keinen aus den Augen lässt. Diese Faktoren sind:

- Ziel (Was soll erreicht werden?)
- Kosten (Wie viel darf es kosten, das Ziel zu erreichen?)
- Zeit (Wie lange darf es dauern, das Ziel zu erreichen?)
- Qualität (Wie gut sollen die einzelnen Teile des Ziels sein?)
- Ressourcen (Welche Menschen und Hilfsmittel stehen zur Verfügung?)

Projektmanagement beschäftigt sich jedoch nicht mit der Frage, ob das Ziel, das Sie mit diesem Projekt erreichen wollen, auch das richtige Ziel ist. Das haben Sie im letzten Kapitel mit der Definition des Ziels und der SMARTen Beschreibung des Ziels geklärt. Sie wissen also zu dem Zeitpunkt der Umsetzung, dass Sie das richtige Ziel verfolgen.

So unterschiedlich Projekte auch sein mögen, sie gleichen sich alle im grundsätzlichen Ablauf. Damit die Durchführung eines Projektes und somit das Erreichen Ihres Zieles auch gelingt, ist es vor allem wichtig, dass es Ihnen Spaß macht. Aus dem ZEN-Buddhismus kennen wir schon die Aussage „Der Weg ist das Ziel". Auf dem Weg zum Ziel, im Hier und Jetzt, sollten wir Spaß haben. Damit das auch nicht vergessen wird, habe ich dieses Wort auch in den Zusammenhang mit dem grundsätzlichen Projektablauf gebracht: SPASS

Diese Phasen sind in jedem Projekt gleich:

Start – Planung – Ausführung – Steuerung – Schluss.

Start

In der Startphase eines Projektes wird der Grundstein für eine erfolgreiche Ausführung gelegt. Besprechen Sie persönliche Projekte mit Menschen, die davon betroffen sind (Familie, Mitarbeiter, ...) und binden Sie diese frühzeitig ein. Es gibt bekanntlich immer mehrere Wege zum Ziel. Denken Sie zu Beginn der Ausführung lange nach, welcher Weg der beste ist! Seien Sie kreativ! Bedenken Sie, dass eine Verdoppelung der Planungszeit die Halbierung der Ausführungszeit bedeutet.

• Worum geht es überhaupt bei diesem Projekt?
• Warum ist das Projekt in der gegenwärtigen Situation sinnvoll?
• Ist es notwendig oder nur ein Wunsch?
• Welches Problem liegt diesem Projekt zugrunde? (Existiert überhaupt ein Problem?)

Dann blicken Sie in die Zukunft und beschreiben das Zielszenario:

• Was wird sein, wenn dieses Projekt ein voller Erfolg geworden ist?
• Was werden Sie sehen, fühlen und hören?
• Wie werden andere Menschen reagieren?

- Was wird das für ein Tag sein, an dem dieses Projekt abgeschlossen sein wird?

Diese Ausführungen helfen Ihnen, das Projektziel mit anderen Menschen zu teilen.

Beantworten Sie sich folgende 7 W-Fragen:

- Was ist der Name des Projekts?
- Wann wird es starten und zu Ende sein?
- Wie werde ich es planen?
- Worum geht es in diesem Projekt?
- Warum ist dieses Projekt notwendig (Probleme oder Möglichkeiten)?
- Welches Ziel wird mit dem erfolgreichen Abschluss des Projektes erreicht?

Formulieren Sie das Ziel, wie bereits im letzten Kapitel beschrieben SMART:

Spezifisch = Die Formulierung ist eindeutig und präzise

Messbar = Ziel und Teilziele sind qualitativ und quantitativ messbar

Anspruchsvoll = Die Herausforderung ist sehr hoch, aber gerade noch machbar

Realistisch = Das Ziel entspricht den realistischen Möglichkeiten

Timing = Anfangs- und Enddatum des Ziels sind definiert.

Planung

In dieser Phase geht es darum, die Priorität der Aufgaben festzulegen und diese eventuell zu delegieren. Delegierte Aufgaben
sind bei privaten Projekten eher selten, aber manchmal planen
Sie auch Ziele für eine Gruppe von Menschen.

Es gibt eine Vielzahl von Möglichkeiten, Aufgaben mit Synergie
effektiv zu erledigen. Planung heißt, die Zukunft im Geiste vor-
wegzunehmen.

Bei der Planung ist es wichtig, große Projekt in einzelne, gut defi-
nierte Teilprojekte zu zerlegen, die ihrerseits wieder aus einzelnen ausführbaren Aktivitäten bestehen. Bei kleineren Projekten
kann die Gruppierung in Teilprojekte weggelassen werden, und
Sie definieren die Liste mit einzelnen Aktivitäten, die zu der Fertigstellung des Projektes notwendig sind.

Hier eine Möglichkeit der Darstellung, wie Sie auch im Energie-
Plan des Schmidt Collegs verwendet wird:

Aufgabe	P	Wer	Start	Ende	✓	Notizen/Kosten/Zeit

Wenn Sie sich Zeit bildlich vorstellen wollen können Sie dies mit einer entsprechenden Darstellung tun. Diese Darstellung wurde nach Henry Gantt benannt, der sie bereits vor 100 Jahren verwendet hat.

ID	Task Name	Start	End	Duration								
1	Kapitel 1 überarbeiten	02.03.01	05.03.01	2d								
2	Kapitel 2 und 3 fertigstellen	07.03.01	08.03.01	1.50d								
3	Kapite 4-7 korrigieren	08.03.01	09.03.01	1d								
4	Ordner Life-system	02.03.01	05.03.01	2d								
5	Einlagen Projektmanagement	05.03.01	09.03.01	4.50d								
6	Grafiken abstimmen	08.03.01	08.03.01	1d								
7	Epilog	08.03.01	09.03.01	1.50d								
8	Rohmanuskript drucken	09.03.01	12.03.01	1d								

Ein derartiges Gantt-Diagramm (Balkendiagramm) gibt Ihnen eine Übersicht über zwei Dimensionen, die gleichzeitig dargestellt werden . Zum einen werden die einzelnen Teile des Projektes und zum anderen die Zeit (Start, Ende und Dauer) dargestellt.

Ausführung

Jede Phase eines SPASS-Projektes ist bedeutsam, aber die wohl wichtigste ist die Phase der Ausführung. Mit der Ausführung wird die eigentliche Projektarbeit, die Arbeit für Ihr Ziel, erledigt. Es gehört zu der persönlichen Effektivität, dass wir während des gesamten Projektes ein ganz deutliches Bild von den Prioritäten und den Abläufen haben. Eine derartige Aufteilung der Aufgaben hilft uns auch, unsere Energie auf die im Augenblick wichtigen Aktivitäten zu konzentrieren. Bei der Ausführung müssen Sie präsent sein, d.h. sich auf die Aufgabe 100%ig konzentrieren. Jede Unachtsamkeit und jeder Fehler kosten Zeit.

Steuerung

Diese Phase kommt nicht nach der Ausführung, sondern ist sehr eng damit verbunden. Auch beim Projektmanagement gilt das Motto, dass Sie nur managen können, was Sie auch messen können. Gleiches gilt für die Verfolgung unserer Ziele. Oft können äußere Einflüsse dazu führen, dass es zu Abweichungen kommt, auf die wir reagieren müssen. Es liegt dann an Ihnen, Gegenmaßnahmen zu ergreifen, um diese Abweichung möglichst schnell zu beseitigen oder zu Ihrem Vorteil nutzen zu können.

Die Steuerungsphase hat viel mit der Darstellung einzelner Projekterfolge und mit den daraus folgenden notwendigen Maßnahmen zu tun. Es kann sein, dass Aktivitäten hervorragend erledigt wurden und Sie nur einen Haken zu machen brauchen. Es kann aber auch sein, dass es Schwierigkeiten bei der Ausführung gibt. Bei der Steuerung geht es nicht um die eigene Schuld und widrige Umgebungsbedingungen, sondern nur um Lösungen. Auch ist es wichtig, sicher zu stellen, dass Fehler oder mangelhafte Leistungen nicht noch weitere Aktivitäten negativ beeinflussen. Sie müssen die Übersicht behalten.

Projektstatus

Um die Übersicht zu behalten, ist es sinnvoll, regelmäßig einen Projektstatus zu erheben. Je nach Projekt und Ziel kann das täglich, wöchentlich, monatlich oder auch jährlich sein. In diesen Projektstatus geht Ihre Feststellung im Hinblick auf das Ziel und den Ist-Zustand ein. Schreiben Sie diese Betrachtung auf. Folgende Elemente kann diese Betrachtung beinhalten:

– Berichtszeitraum (und Projektstatus verwendet)
– Geplante Aktivitäten / Meilensteine in diesem Zeitraum
– Durchgeführte Aktivitäten / erreichte Meilensteine
– Besondere Ereignisse
– Einfluss der kritischen Erfolgsfaktoren
– Abweichung von der Planung (Zeit, Kosten, Qualität)
– Nächste Schritte (um Abweichungen zu begegnen)

Schluss

Dokumentieren Sie Ihr Ergebnis mit einem kleinen Bericht oder Brief an sich selbst, ein weiterer Eintrag in Ihr Erfolgsjournal. Schreiben Sie auf, was Ihnen geholfen hat, so dass Sie die Erfahrungen für andere Projekte verwenden können. Und vor allem: Feiern Sie!

Wenn Sie alle diese Phasen berücksichtigen, werden Sie eine Menge SPASS in Ihren Projekten haben.

Delegation

Eine zweite Fähigkeit, wesentlich effektiver zu sein ist, die Fähigkeit zu delegieren. Delegation ist eine besonders wichtige Fähigkeit. Es ist leicht gesagt, dass wir unsere Aufgaben anderen Menschen übertragen müssen, und seit Jahrzehnten wird diese Lösung aus Zeitnöten im Zeitmanagement favorisiert. Viele Unternehmer und Führungskräfte tun sich damit aber nach wie vor sehr schwer. Auch alle anderen Menschen haben Schwierigkeiten zu delegieren. Falls Sie bisher der Meinung waren, dieses Thema betrifft nur Unternehmer und Führungskräfte, die Mitarbeiter anweisen und über einen Sekretariatsdienst oder über Assistenten verfügen, dann sollten Sie dieses Kapitel aufmerksam lesen, denn Gedanken über Delegation betrifft in einer Zeit der wachsenden Dienstleistung alle Menschen.

Delegation ist wesentlich mehr, als Arbeit an andere Menschen zu verteilen, in der Hoffnung, dass diese die Arbeit dann auch erledigen. Delegation heißt auch, Teamwork leben, indem Aufgaben sinnvoll verteilt werden und ein Teil davon durchaus selbst übernommen wird. Aber die permanente Suche nach Synergien mit anderen Menschen ist eine hochgradig effektive Tätigkeit. Und so, wie Ihre Mitarbeiter Geld kosten oder das Budget belasten, das Sie verantworten, kostet natürlich auch externe Dienstleistung Geld. Spätestens hier zeigt sich, welche Einstellung zum Thema Zeit Sie haben.

Bei der Delegation geht es nicht darum, Aufgaben abzugeben, die Ihnen selbst keinen Spaß machen. Sehr gute Manager praktizieren sogar oft das Gegenteil. Sie delegieren Aufgaben, die Ihnen sehr viel Spaß machen würden, aber nicht Ihren höchsten Prioritäten entsprechen. Dies ist eine perfekte Form der strategischen Lebensführung, denn oft sind es die vielen kleinen Aufgaben, die zwar kurzfristig Spaß machen, uns aber von unseren großen Zielen und dem damit verbundenen großen Spaß abhalten.

Ein kleines Beispiel für Delegation in einer wachsenden Dienstleistungskultur: Es war ein grauer Tag Ende Februar in Berlin. Während ich dieses Buch schrieb, ergab es sich, dass unser sehr altes Auto ersetzt werden musste und ich einen guten gebrauchten Kombi erstehen konnte. Die kleine, aber eher unattraktive Aufgabe, die nun vor mir lag war, dieses gute Auto auch bei der Berliner Zulassungsstelle anzumelden. Wer bereits in Berlin ein Auto zugelassen hat, weiß, wovon ich spreche.

Ich informierte mich kurz im Internet, ob es nicht andere Möglichkeiten gibt, und fand einen Zulassungsdienst. Das Angebot bestand darin, alle Unterlagen und die alten Nummernschilder abzuholen und die gesamte Anmeldung für 85 DM durchzuführen. Ich zögerte keine Sekunde, denn ich wusste, dass mich diese Aktion mindestens vier Stunden meiner Zeit und eine Menge Nerven kosten würde. Ein freundlicher älterer Herr kam direkt bis zu meiner Wohnungstür, schraubte die alten Nummernschilder ab und kam nach vier Stunden mit den neuen Nummernschildern, die er auch gleich anschraubte und allen Papieren zurück. Was ist Ihnen Ihre Zeit wirklich wert?

Henry Ford war für seinen speziellen Führungsstil bekannt, und soll einmal einem seiner Manager, der Schwierigkeiten mit dem Delegieren hatte, gedroht haben: „Ich sollte Sie entlassen, denn

Sie vergeuden mein Geld mit einer Arbeit, die jemand mit einem Drittel Ihres Gehaltes genauso gut tun könnte."

Denken Sie mal darüber nach, auch wenn es sich hierbei um ein rein materielles Beispiel handelt. Wie oft verschwenden Sie Ihr Geld oder das Geld eines anderen, indem Sie Arbeiten erledigen, die viel günstiger getan werden könnten?

Welche Formen der Delegation gibt es?

Aufgaben zuweisen

Delegation hat ihren Ursprung ganz eindeutig in der Verteilung und Übertragung von Arbeiten in hierarchischen Organisationsformen. Diese Organisationsformen werden wir noch überall in der Arbeitswelt antreffen, da Menschen gerade aus diesem Grund anderen Menschen Arbeitsverträge geben, um die anstehende Arbeit der Organisation mit anderen teilen zu können. Daran ist auch nicht zu rütteln, und wir sollten auch in virtuellen Organisationsformen nicht vergessen, dass es so etwas wie Führung gibt und geben muss. Vielleicht ist es ein großer Fehler der Gegenwart, dass wir meinen, Führung sei altmodisch und würde durch den Chef als „Coach" oder Trainer ersetzt werden. Solange alles gut läuft, mag dies auch gehen, aber sobald es Schwierigkeiten gibt, ist Führungsqualität gefragt, und zur Führungsqualität gehört das effektive, klassische Delegieren.

Teamwork

Teamwork ist die gleichberechtigte Delegation in Teams. Arbeitspakete werden nicht verteilt, sondern „abgeholt". Es steht nach einer Projektsitzung eine ganze Liste von Aufgaben für das Team fest und alle Teammitglieder sind dann aufgefordert, sich selbstständig die Aufgaben abzuholen und sich dafür zu verpflichten. Je besser die Mitglieder und die Kultur des Teams sind, desto besser wird dieser Prozess funktionieren. Ganz im oben genannten Sinne, solange alle mitspielen, ist Teamwork eine sehr effektive und auch effiziente Arbeitsform. Sobald es nicht mehr funktioniert und einige Teammitglieder beginnen, nur eigennützig zu handeln, ist Führung, und somit das klassische Delegieren notwendig.

Rückdelegation, Ablehnen

Neben dem Delegieren von oben nach unten oder auf der gleichen Ebene gibt es auch die Delegation von unten nach oben. Dies kann durch verdeckte oder auch offene Arbeitsverweigerung geschehen, oder auch durch falsche oder unvollständige Leistung. Manchmal ist die mangelhafte Kommunikation Grund für die Rückdelegation, manchmal aber auch die Qualität der Mitarbeiter.

Vergabe

Die ersten drei Formen der Delegation beschreiben interne Mechanismen. Die Vergabe ist eine externe Form der Delegation. Wie in meinem Beispiel mit der Autozulassung beschrieben, werden externe Dienstleister mit der Aufgabe betraut. Meist sind damit erhebliche Kosten verbunden, die aber im Vergleich zu unserem eigenen Aufwand günstig sein sollten.

Delegieren heißt im Idealfall, Verantwortung und auch Autorität mit anderen Menschen zu teilen. Es ist die Fähigkeit, sich selbst am besten unter die Arme zu greifen und sich dabei zu helfen, Herr Ihrer Zeit zu werden. Oft erledigen wir viel zu viele Dinge selbst, die besser andere Menschen tun sollten. Aber warum ist das Delegieren für viele eine so schwierige Aufgabe?

Es fällt vielen Menschen schwer, Aufgaben zu vergeben.

„Herr Maier, ich möchte mit Ihnen eine Aufgabe besprechen: Wie Sie wissen, wollen wir eine Kooperation mit der Firma Kiste eingehen, die an dieser Kooperation auch sehr interessiert ist. Es geht darum, dass die Firma Kiste für unsere Spezialverpackung

172

zuständig wird, und wir die Ziele, Form und vertragliche Basis der Kooperation möglichst schnell unter Dach und Fach bringen. Würden Sie diese Aufgabe übernehmen? Wie lange bräuchten Sie dazu?"

Jemand anderem Arbeit zu geben ist nichts Schlimmes. Dafür beschäftigen Sie Menschen in Ihrem Unternehmen oder haben als Führungskraft die Verantwortung für andere Menschen. Es ist Ihre Aufgabe zu delegieren und es geht nicht darum zu sagen: „Herr Maier, die Kooperation mit Kiste muss morgen fertig sein, machen Sie mal!" Bei der Delegation geht es zwar darum, Arbeit zu verteilen, aber auch um Verantwortung. Zu der Verantwortung gehört auch, dass der Angesprochene eine Chance hat, den Zeitbedarf selbst bewerten zu können und auch gefragt zu werden. Sie werden sich fragen, was denn ist, wenn er „nein" sagt. Nun, dann wird es dafür auch einen Grund geben, den Sie wahrscheinlich beseitigen können. Entweder Herr Maier hat bereits genug andere Aufgaben, oder zu wenig Informationen oder bereits sehr schlechte Kontakte und fehlende Akzeptanz bei der Firma Kiste. Wie dem auch sei, Sie werden in jedem Fall ein „Nein" bekommen, auch wenn Sie ihn nicht fragen. Denn entweder diese oder andere Aufgaben werden schlecht gemacht oder auch an Sie zurückdelegiert. Vielleicht schafft es Herr Maier auch, wird aber immer unzufriedener, weil er schon wieder Überstunden machen muss.

Wir haben aufgrund unseres Verhaltens, aber auch aufgrund der Zusammenarbeit mit den falschen Menschen manchmal schlechte Erfahrungen mit dem Delegieren gemacht. Diese Erfahrungen stehen uns im Weg, besser zu delegieren. Machen Sie sich Ihre Einstellung bewusst und verändern Sie bei Bedarf Ihr Verhalten!

Wir meinen, es selber besser und schneller zu machen.

Das mag stimmen, aber Sie können nicht alles selber machen!

Manche Menschen brauchen auch die Selbstbestätigung, dass nur sie selbst es tun können. Meistens haben diese Menschen ein großes Zeitproblem. Viele Aufgaben kommen immer wieder, und es hilft Ihnen langfristig, viel mehr Zeit zur Verfügung zu haben, wenn Sie einmal mehr Zeit investieren und eine Aufgabe ganz ausführlich erklären.

Wenn es darum geht anderen Menschen Aufgaben zu übertragen, dann stellen Sie die „4(+2) W-Fragen":

• Was muss getan werden?
• Warum muss es getan werden?
• Wann muss es getan werden?
• Wer soll es tun?
• (Wie soll es getan werden?)
• (Womit soll es getan werden?)

Zwei Fragen stehen in Klammern, da sie eigentlich nicht nötig sind, wenn das Ziel klar ist und Sie die Verantwortung für diese Aufgabe übertragen können, was in der Regel der Fall sein sollte. Es gibt aber auch Situationen, da haben Sie eine ganz klare Vorstellung davon, wie und womit eine Aufgabe gelöst werden soll. Wenn dem so ist, dann teilen Sie es mit. Die Fragen „Was", „Warum" und „Wann" stehen vor der Frage, wer es tun soll, denn die Entscheidung hierüber ist abhängig von den ersten beiden Fragen.

Nutzen Sie diese Fragen, um eine delegierte Aufgabe zu beschreiben.

Um eine Übersicht über Ihre delegierten Aufgaben zu behalten, verwenden Sie Aufgabenlisten (als Datei oder Formblatt) in die Sie eintragen, was an wen delegiert wurde.

Was?	Wer?	Bis wann?	Zwischenergebnis	Erledigt

Kontrollieren Sie diese Liste regelmäßig, je nach Intensität und Menge der delegierten Aufgaben, einmal am Tag mit Ihrer Tagesplanung. Wenn Sie wenig delegieren, dann tragen Sie sich delegierte Aufgaben am besten direkt an dem jeweiligen Tag der Fertigstellung ein.

DIE VIER PHASEN DER DELEGATION

Bedenken Sie, dass Delegation in vier Phasen verläuft, die eingehalten werden müssen, wenn Sie optimale Ergebnisse erzielen wollen:

Phase 1: Definition, Planung und geeignete Person

Phase 2: Übertragung der Aufgabe

Phase 3: Für Fragen und Hilfe zur Verfügung stehen, eventuell Zwischenberichte erfragen

Phase 4: Das Ergebnis abnehmen, beurteilen und Feedback geben

Phase 1: Definition, Planung und geeignete Person

In dieser Phase müssen Sie sich über Ziel und Inhalt der Aufgabe Gedanken machen und die „4(+2) W-Fragen" beantworten. Wichtig ist dabei auch, dass Sie sich neben dem „Wann" auch Gedanken machen, „wie lange" die Aufgabe in Ihren Augen dauern sollte. Bei kurzen Aufgaben ist es nicht wichtig, diese Gedanken mitzuteilen. Bei längeren Aufgaben ist dies oft sinnvoll, um Erwartungen abgleichen zu können und dem Menschen, an den Sie die Aufgabe delegieren, auch die Chance zu geben, selbst zu beurteilen, ob Ihre Einschätzung richtig ist. Die Suche der geeigneten Person gehört in diese erste Phase. Sie sollten sich nicht nur davon leiten lassen, wer gerade Zeit hat oder wer sowieso immer „Ja" sagt, so dass Sie es einfacher haben, die Aufgabe zu delegieren. Fragen Sie sich:

- Wer ist in dieser Aufgabe gut und hat die entsprechenden Fähigkeiten?
- Wer wird sich über diese Aufgabe freuen und wem macht sie Spaß?
- Wer möchte sich in diesem Bereich entwickeln und lernen?
- Wer hat tatsächlich Zeit für diese Aufgabe?

Erst wenn Sie sich über diese Aspekte Gedanken gemacht haben, können Sie mit der Phase 2 fortfahren. Oft dauern diese Überlegungen auch nur wenige Minuten, die allerdings wertvolle Minuten sind. Auch für das Delegieren gilt die Bedeutung der Planung.

Phase 2: Übertragung der Aufgabe

Nehmen Sie sich für diese Phase Zeit und erklären Sie, warum Ihnen diese Aufgabe wichtig ist und in welcher Weise Ihnen geholfen wird. Menschen möchten gerne gute Leistungen erbringen. Besprechen Sie, wonach Sie die Leistung beurteilen werden und was für Sie wichtig ist. Lassen Sie aber auch den Spielraum, eigene Initiativen zu entfalten. Oft werden andere die Aufgabe besser lösen, als Sie es hätten tun können. (Dies sollte übrigens ein wesentlicher Grund für Delegation sein!) Vermeiden Sie daher, anderen Menschen vorzuschreiben, wie Sie die übertragene Aufgabe lösen sollen.

Phase 3: Hilfe, Fragen und Zwischenberichte

Sie sollten auch die Verantwortung für die Aufgabe delegieren, was aber nicht heißt, dass Sie nicht mehr zur Verfügung stehen. Sie sollten klarstellen, dass Sie für Fragen und Hilfestellungen zugänglich sind, da Unklarheiten oft erst während der Ausführung auftreten. Sollte es allerdings zu Formen der Rückdelegation kommen, machen Sie deutlich, dass Sie Lösungen erwarten und Ihre Hilfe nicht so gemeint ist, dass Sie die Aufgabe letztlich wieder selbst erledigen. Hier geht es um Führung und Hilfestellung. Nehmen Sie in dieser Phase die Rolle eines Beraters ein. Bei größeren Aufgaben und Projekten kann es sinnvoll sein, dass Sie aktiv um einen Zwischenbericht bitten, um von sich aus diese Hilfe anzubieten und sicher zu stellen, dass die Arbeiten in die richtige Richtung gehen.

Phase 4: Ergebnis und Feedback

Nehmen Sie sich nach der Fertigstellung die Zeit, das Ergebnis zu besprechen und das Ergebnis abzunehmen. Entspricht es Ihren Erwartungen? Sind diese übertroffen worden? Oder sind Sie enttäuscht? Geben Sie konstruktives Feedback entsprechend der Individualität der Persönlichkeit, an die Sie das Feedback richten. Oft ist es sinnvoll, die positiven Aspekte herauszustellen und die kritischen Aspekte als mögliche Steigerung für das nächste Mal zu beschreiben. Manchmal ist es aber auch notwendig, Ihre Enttäuschung zum Ausdruck zu bringen, wenn etwas nicht so bearbeitet wurde, wie Sie es sich vorgestellt haben, nachdem Sie dies aber klar mitgeteilt hatten. Bedenken Sie aber,dass Sie stets nur die Handlungen kritisieren und nicht den Menschen.

„Misserfolg und Versagen
ist zu 85 Prozent auf das System zurückzuführen.“

W. E. DEMING

8. Operative Strategie - Effizienz

Für die Umsetzung Ihrer LebensStrategie ist ebenso Ihre persönliche Effizienz wichtig, wie die Art und Weise, mit der Sie Dinge tun. In dem ersten Teil der operativen Strategie ging es darum, dass wir unser Handeln auf unsere Ziele konzentrieren. In dem letzten der acht Teile von „LebensStrategie" geht um die „Konzentration des Alltags". Um hier erfolgreich zu sein, müssen wir 5 Regeln der persönlichen Organisation berücksichtigen.

1. REGEL: **Vermeiden Sie Überlastungen**

Kennen Sie das wichtigste Wort, mit dem Sie wirklich Zeit sparen können?

Wir alle kennen es, und dennoch wenden wir es so selten an. Das Problem ist eigentlich so einfach, und dennoch wollen wir es anscheinend nicht wahr haben. Die alte Volksweisheit „Ein dummer Esel trägt sich auf einmal tot" bringt es auf den Punkt, und dennoch „tragen" sich jeden Tag Manager, Führungskräfte und Unternehmer „tot". Wussten Sie, dass nach einer Statistik der Unternehmer im Durchschnitt 57 Jahre alt wird, der Priester hingegen 89. Bei Chirurgen sieht es im übrigen ähnlich schlecht aus wie bei den Unternehmern. Wir glauben, alles auf einmal tun zu müssen, und überladen uns mit Arbeit. Ist Ihnen das zeitsparende Wort eingefallen?

„N E I N"

Verwenden Sie es! Jeden Tag mindestens viermal. Beginnen Sie heute damit und machen Sie es sich am Anfang zur Regel, des öfteren „nein" zu sagen. Das wird schwer fallen. Vor allem, weil ohne Sie ja bisher sowieso nichts lief und Sie daher überall „ja" sagen mussten, sei es nun zu sich selbst oder zu anderen. Immer heißt es „ja", und genau deshalb sind Sie überladen und werden eben keine 89.

Ende des 19. Jahrhunderts verlor England viele Handelsschiffe in schwerer See. Sie kenterten, weil zu viel Ladung an Bord war. Die Gier nach Profit trieb die Eigner dazu, ihre Schiffe mehr und mehr zu beladen, sodass sie der schweren See nicht standhalten konnten. Viele Seemänner verloren ihr Leben (so wie wir heute Führungskräfte verlieren). Ein Herr Samuel Plimsoll erkannte das Problem. Er brachte es öffentlich zur Sprache und legte 1876 dem englischen Parlament einen Gesetzentwurf vor, der empfahl, eine gut sichtbare Linie um den Rumpf eines Schiffes zu ziehen, bis zu der das Schiff beim Beladen in Wasser einsinken darf. Nicht weiter. Der Gesetzentwurf wurde durchgesetzt und fortan verloren die Engländer viel weniger Handelsschiffe in schwerer See. Die als Plimsollmarke in die Schiffahrt eingegangene Markierung an Schiffen wird auch Freibordmarke genannt. Noch heute haben alle Schiffe diese sichtbare Marke, die Sie bei leeren Schiffen am Bug gut sehen können. Meistens mit einer Einteilung, die genau anzeigt, wie sehr das Schiff beladen ist. Sie dient der Sicherheit der Schifffahrt und bewahrt die Seeleute vor dem Versinken.

Wie oft versinken Sie im Meer der Arbeit, weil Sie sich einfach überladen haben?

Kennen Sie Ihre Plimsollmarke?

Wenn nicht, dann ist es höchste Zeit, dass Sie sich so lange erleichtern, bis Sie diese „Marke" wieder sehen. Und diese Entladung geht nur durch das Wort „Nein". Geben Sie Aufgaben und Gewohnheiten ab. Treten Sie ruhig auch mal aus einem der zehn Vereine aus, in denen Sie im Laufe der Jahre eingefangen wurden. Bestellen Sie Zeitungen ab, die Sie nicht lesen, und terminieren Sie Ihre Ziele realistisch. „Eins nach dem anderen" ist eine zweite alte, aber zutreffende Weisheit.

Wir überschätzen, was wir in einem Jahr erreichen können, aber wir unterschätzen, was wir in einer Zeitperiode von sieben Jahren erreichen können. Nutzen Sie den 5. Horizont und verwenden Sie Zeit auf eine gute Planung in diesem Bereich. Ihr Leben wird viel entspannter verlaufen, nur weil Sie diesen einen Schalter in Ihrem Kopf umgelegt und gelernt haben „Nein" zu sagen.

2. REGEL: Unterscheiden Sie Zeitverschwender von Zeitdieben

Über Zeitdiebe wurde im klassischen Zeitmanagement bereits viel geschrieben. Wichtig ist an diesem Punkt, dass Sie sich auf Ihre persönliche Strategie besinnen. Sie sind verantwortlich für Ihr Handeln! Sie bestimmen die Reaktion auf einen Reiz! Sie haben die Kontrolle über Ihr Leben!

Von dieser persönlichen Strategie leitet sich eine wichtige Unterscheidung ab.

Zeitdieb oder Zeitverschwendung?

Auch hier wenden wir gerne die Strategie des Opfers an, indem wir Umstände, die uns Zeit rauben, einfach Zeitdiebe nennen, für die wir ja selbst nichts können. Ganz so einfach mache ich es Ihnen aber nicht. Es gibt vier Arten, wie Sie Ihre Zeit verwenden können.

1. Zeitinvestition (Ziel / proaktiv)
2. Zeitverschwendung (Ziel / proaktiv)
3. Zeitbedarf (Ziel / reaktiv)
4. Zeitdieb (Ziel / reaktiv)

Bei jeder dieser Arten spielt es eine Rolle, ob Sie Ihre Zeit für Ihre Ziele einsetzen und ob Sie proaktiv handeln oder reaktiv, quasi als „Opfer" den Handlungen anderer ausgesetzt sind. Die beiden zielgerichteten Arten der Zeitverwendung ist die Zeitinvestition, bei der Sie aktiv Zeit für Ihre Ziele verwenden, oder der Zeitbedarf, bei dem Sie reaktiv handeln, das Handeln jedoch Ihren Zielen entspricht.

Zwei Beispiele: Sie haben sich vorgenommen, mehr Sport zu treiben und haben mit dem morgendlichen Laufen begonnen. Eine typische Zeitinvestition, die Sie aktiv für ein Ziel tätigen. Am Nachmittag hat Ihr Ehepartner ein Abendessen mit Freunden vereinbart, die Sie lange mal wieder sehen wollten. Sie handeln reaktiv und stimmen dem Termin zu, da er den Zielen Ihres Identitätsbereiches „Soziales Netzwerk" entspricht.

Zeitdiebe und Zeitverschwendung haben beide die Eigenschaft, dass dieser Zeitbedarf ganz und gar nicht Ihren Zielen entspricht. Der große Unterschied liegt darin, dass Sie einmal reaktiv und einmal proaktiv sind. Es gilt beides so gut wie möglich abzustellen.

<u>3. REGEL:</u> **Meiden Sie die zehn häufigsten Zeitverschwender**

1. Fehlende Ziele
2. Fehlende Zeitkultur
3. Fehlende Selbstorganisation
4. Aufschieben von Aufgaben
5. Zerstreutheit
6. Perfektionismus
7. Müdigkeit
8. Unentschlossenheit
9. Träumerei
10. Fehlende Tagesplanung

1. Fehlende Ziele

= fehlende Prioritäten = fehlende Übersicht = zielloses Handeln = operative Hektik

Die größte Zeitverschwendung besteht darin, dass wir unsere Ziele für eine bestimmte Zeiteinheit nicht kennen. Ich werde immer wieder gefragt, welcher von den sieben Horizonten denn nun der wichtigste sei. Die Antwort scheint leicht zu sein, denn ohne den siebten Horizont, der Vision für unser Leben, sind alle anderen Horizonte womöglich die falschen. Denn was hilft es uns, alle Berge zu erklimmen, alle sechs Horizonte zu erreichen, plötzlich an der falschen Küste anzukommen und den falschen Horizont in der Ferne zu sehen? Bei der Planung unserer Zeit sind aber alle Horizonte, angefangen von unserer Vision bis hin zur Tagesplanung, gleich wichtig. Auch kann eine Monatsplanung nicht eine Wochenplanung ersetzen und die Wochenplanung nicht die Tagesplanung. Alle Horizonte sind aufeinander abgestimmt und haben ihren Platz.

Manche Menschen haben eine ganz klare Vorstellung von ihrem siebten und sechsten Horizont, planen jedoch nicht den fünften und vierten. Ohne Periodenziel- und Jahresplanung werden Ihre langfristigen Ziele aber immer langfristig bleiben. Sie kommen der Realität nicht näher. Es bleibt bei der in unserem Tagesgeschäft gut vertrauten operativen Hektik.

➔ *Seien Sie konsequent mit der Formulierung und Planung aller Zielhorizonte!*

2. Fehlende Zeitkultur durch falsche persönliche Einstellung

Wenn Ihnen die Wertigkeit für Ihre Zeit fehlt, dann werden alle Techniken scheitern. Einen effizienten Zeitmanager erkennt man daran, dass ihm stets die Bedeutung der eigenen und auch der Zeit von anderen Menschen bewusst ist. Sie können Ihre Zeit für alles Mögliche verwenden, seien Sie sich dabei aber stets bewusst, welchen Wert sie hat. Ihre Zeit ist Ihr Leben! Jeder Tag ist dabei der erste Tag vom Rest Ihres eigenen Lebens. Behandeln Sie ihn mit Respekt.

→ *Ändern Sie Ihre Einstellung zur Zeit! Formulieren Sie Ihre Zeitkultur!*

ÜBUNG 11 Zeitkultur

Diese Übung hilft Ihnen, Ihre persönliche Zeitkultur zu beschreiben. Mit Zeitkultur ist dabei all das Verhalten gemeint, dass Sie im Umgang mit der eigenen Zeit in Zusammenhang bringen.

1.) Welches Verhalten ist Ihnen im Umgang mit Zeit ganz besonders wichtig?

2.) Welches Zeit-Verhalten hat Ihnen in der Vergangenheit nicht gefallen?

3.) In welchen Situationen haben Sie in der Vergangenheit viel Zeit vergeudet? Was sind die Tätigkeiten, die Sie in Zukunft lassen wollen oder für die Sie viel weniger Zeit investieren werden?

4.) Welches Verhalten in Bezug auf Ihre Zeit ist Ihnen in der Vergangenheit besonders gut gelungen?

5.) Welchen Wert hat Ihre Zeit?

6.) Betreiben Sie bisher Zeitplanung? Wenn ja, welche? (Jahresplanung, Monatsplanung, Wochenplanung, Tagesplanung) Wie wirkt sich diese Zeitplanung in Ihrem Alltag aus?

7.) Wie organisiert sind Sie? Was soll sich verbessern?

Ende der Übung 11: Zeitkultur

183

3. Fehlende Selbstorganisation

Häufig finden wir Zeitverschwendung in unserer eigenen Organisation. Auf unseren Schreibtischen und in unserer Arbeitsumgebung verhindert Unordnung, dass wir unsere volle Energie entfalten können. Wir brauchen lange, um das gesuchte Papier zu finden oder die Information, die wir vor einigen Monaten abgeheftet haben (falls sie überhaupt abgeheftet wurde).

Die persönliche Organisation hat sehr viel mit der eigenen Einstellung zur Ordnung zu tun, denn häufig landen Papiere, Quittungen und Informationen in einem Stapel mit anderen Papieren mit dem Gedanken, diesen Stapel später aufzuräumen. Aber wenn dieses „später" kommt, dann haben wir genauso wenig Zeit aufzuräumen. Haben Sie einen festen Zeitpunkt in der Woche, Ordnung zu machen? Ordnung halten Sie entweder sofort oder gar nicht. Entweder Sie haben ein Ordnungssystem oder Sie haben es nicht. Allein davon ist abhängig, wie viel Zeit Sie jeden Tag mit der Suche nach Dokumenten verbringen. In den nächsten Kapiteln werden wir noch intensiv auf diese Thematik eingehen.

Wenn Sie unordentliche Arbeitsbedingungen (z.B. Schreibtisch) haben, dann ändern Sie diesen Zustand und zwar jetzt. Genau, jetzt gleich! (Sonst wird es nie getan.)

▶ *Lernen Sie sich zu organisieren.*

▶ *Machen Sie eine kurze Analyse. Wo hat Ihre persönliche Organisation die größten Lücken? Beginnen Sie genau dort, wo das Problem am größten ist.*

▶ *Organisieren Sie sich! Räumen Sie Ihren Schreibtisch auf, jetzt! Denken Sie sich ein Ordnungssystem Ihrer Papiere und Dateien aus und führen Sie es ein!*

4. Das Aufschieben von Aufgaben und zu viele unerledigte Aufgaben

Die Aufschieberitis, wie sie genannt wird, ist weit verbreitet. Die Stapel an Aufgaben werden höher und die Listen der Aufgaben, die anstehen, immer länger. Uns treibt der Frust durch den Tag, dass wir all die Dinge, die von uns verlangt werden, gar nicht schaffen können. Aus diesem Grund beginnen wir lieber erst gar nicht, diese abzuarbeiten. Eine Zeitverschwendung, die in unserem eigenen Verhalten begründet liegt. Denn wenn Sie sich mal überlegen, wieviel Zeit und Energie sie aufwenden, all das Unerledigte zu organisieren und daran zu denken, wird deutlich, wohin all die Stunden des Tages schwinden. Oft ist es doch so, dass wir die Tätigkeit in der Zeit, in der wir über sie nachdenken, bereits erledigt hätten. Das ist Zeitverschwendung pur, und zwar auch noch eine der Sorte, die überhaupt keinen Spaß macht und den Frust in Ihrem Leben verstärkt.

▶ *Fragen Sie sich: Sind alle Routineaufgaben nötig? Haben Sie Schwierigkeiten auch mal „nein" zu sagen? Ärgern Sie sich vielleicht, dass Sie nicht „nein" gesagt haben?*

▶ *Wie dem auch sei, erledigen Sie eine Aufgabe nach der anderen – konsequent; und sagen Sie das nächste Mal „nein"!*

5. Zerstreutheit und der Versuch, zu viele Aufgaben gleichzeitig zu tun.

Auch unsere Zerstreutheit hat mit unserer eigenen Einstellung zu tun. Das Verständnis von unserer Leistungsfähigkeit geht davon aus, dass wir pro Zeiteinheit mehrere Tätigkeiten gleichzeitig erledigen können. Ein großer Fehler. Wer meint, jemandem zuhören zu können, nebenbei seine E-Mails checkt und noch über ein ganz anderes Projekt nachdenkt, wird irgendwann einsehen müssen, dass es nicht funktioniert. Meistens hört er nämlich

185

nicht zu, nimmt die wichtigen Informationen der E-Mails nicht wahr und braucht viel länger für das Projekt, über das er nachdenkt, oder er beachtet einige kritische Erfolgsfaktoren nicht. Es funktioniert nicht, so sehr Sie sich auch die Fähigkeit des „multitasking" ihres Computers wünschen. Unser Bioprozessor ist nicht dafür geschaffen, mehrere Aufgaben in derselben Sekunde zu erledigen.

Wir werden ganz einfach nicht 100%ig präsent sein. Wenn wir allerdings total konzentriert sind, können wir eine Tätigkeit nicht nur schnell, sondern auch sehr gut machen. Erst, wenn Sie beginnen, sich auf eine Tätigkeit zu konzentrieren, werden Sie feststellen, dass Ihnen plötzlich die Arbeit viel leichter von der Hand geht und dass Sie auch beginnen, zuhören zu können, eine Fähigkeit, die wir leider immer noch sehr selten finden. Welcher Mensch, den Sie kennen, kann gut zuhören? Wie wirkt diese Fähigkeit auf Sie? Können Sie selbst gut zuhören?

▶ *Beginnen Sie damit, gut zuzuhören. Entscheiden Sie sich lieber, kein Gespräch zu führen, als eins, bei dem Sie nicht zuhören. Seien Sie konsequent. Lieber kein Gespräch als ein schlechtes. Wenn Sie ein Gespräch führen, dann hören Sie aktiv zu!*

Machen Sie es bei allen anderen Tätigkeiten genauso. Leben Sie im Augenblick und seien Sie präsent! Der Erfolg wird Ihnen sicher sein.

6. Perfektionismus

Perfekte Arbeit abgeben zu wollen, ist kein Fehler. Häufig führt diese Einstellung aber dazu, dass wir sehr viel Zeit in eine Tätigkeit investieren, die in viel kürzerer Zeit zur völligen Zufriedenheit und gar zur Begeisterung anderer Menschen geführt hätte.

Eine derartige Aufgabenkurve zwischen Zeit und Qualität sieht bei vielen unserer Tätigkeiten bei Perfektionisten folgendermaßen aus: Nach 30% der aufgewendeten Zeit erreichen wir die Zufriedenheitsgrenze, die Tätigkeit wäre bereits dann OK, und alle wären zufrieden. wie schnell diese Aufgabe gelöst wurde.

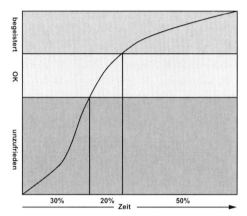

Nach weiteren 20% erreichen wir bereits die Begeisterungsmarke, und die betroffenen Menschen sind sowohl von der Qualität, als auch von der Zeit begeistert. Danach geht es dann immer langsamer, noch bessere Leistung zu liefern. Bei wenigen Aufgaben wird dies überhaupt bemerkt, und bei noch weniger Aufgaben wird dies gewürdigt werden. In der Regel entsteht genau das Gegenteil bei Menschen, die zum Perfektionismus neigen. Sie werden mit Ihren Aufgaben nicht fertig und die betroffenen Menschen müssen sehr lange auf die entsprechende Leistung warten. Wir werden frustriert sein, wenn ein Designentwurf uns besonders schön gelungen ist, jedoch der Auftraggeber schon längst bei unserer Konkurrenz ist, weil er die ewige Warterei satt hatte.

▶ *Die Maxime unserer Zeit heißt nicht nur „gut", sondern „schnell und gut" und somit ist es wichtig, die 50%-Marke zu kennen und Menschen durch Qualität und Geschwindigkeit zu beeindrucken.*

▶ *Seien Sie gut und schnell. Gehen Sie immer bis zur Schwelle der Begeisterung über die Qualität Ihrer Arbeit. Gehen Sie aber nicht weiter.*

7. Müdigkeit

Ein anderer Zeitverschwender ist unsere eigene Leistungsfähigkeit. Oft sind wir einfach zu müde, um gute Leistung schnell zu erbringen, wir drehen uns dann immer schneller im Kreis, ohne voranzukommen und ohne wirklichen Wert für uns und andere zu schaffen. In diesen Momenten ist eine Pause angesagt; durchaus einmal eine längere Pause, ein Urlaub oder ein langes Wochenende, wo wir uns regenerieren und Kraft tanken für die Anforderungen, die der Alltag an uns stellt. Gönnen Sie sich öfter mal eine Pause und Sie werden merken, dass es plötzlich noch viel schneller in die richtige Richtung geht.

▶ *Für die letzten vier Zeitverschwender lautet die Lösung: Konzentration auf das Wesentliche. Wenn wir beginnen, unsere ganze Kraft auf einen Punkt zu konzentrieren, werden wir merken, dass wir sehr viel schneller Erfolg haben werden, als wenn wir unsere Energie verstreut einsetzen. Versuchen Sie doch einmal einen stumpfen Nagel in ein Brett zu schlagen und danach einen spitzen Nagel. Gebündelte Energie führt wesentlich schneller zu dem von Ihnen gewünschten Ziel.*

Wo können Sie Ihre Energie besser bündeln?

8. Unentschlossenheit

Wir wanken hin und wanken her und wollen einfach zu keiner guten Entscheidung finden. Besser als eine schlechte Entscheidung erscheint uns gar keine Entscheidung, wobei auch die eigene Unentschlossenheit eine Form der Entscheidung ist. Meistens allerdings eine Entscheidnung für das, was wir nicht wollen. Sich einer Meinung und Entscheidung zu enthalten, heißt, dem anderen Argument oder der anderen Partei zuzustimmen.

Entscheidungen werden uns jeden Tag abverlangt. Viele können wir schnell auf der Basis unserer Erfahrungen treffen. Bei manchen geht es um viel, und wir wollen eine gute Entscheidung treffen. Dann ist es besser, eine Nacht darüber zu schlafen. In den seltensten Fällen ist es aber auch gut, viele Nächte darüber zu schlafen.

▶ *Lernen Sie, schneller, gute Entscheidungen zu treffen. Nutzen Sie den Entscheidungskompass.*

9. Träumerei und Gesellschaft

Es ist ein offenes Geheimnis, dass die vielen kleinen Schwätzchen zwischendurch und die angenehmen Träumereien in unserem Kopf unendlich viel unserer Zeit kosten. In beiden Fällen ist es die Menge, die den Unterschied ausmacht, denn beides ist sinnvoll und gehört zu unserem Leben. Wir definieren uns durch zwischenmenschliche Kontakte und durch Gespräche mit anderen Menschen. Unsere Träume weisen uns im Leben den Weg in die richtige Richtung.

Beide dieser schönen Fähigkeiten sollten wir allerdings sehr fokussiert einsetzen und uns zu Disziplin erziehen. Denn mangelnde Selbstdisziplin führt zu emotional, nicht an unseren Zielen bestimmten Handlungen, die Zeit und Energie kosten. Viele andere Menschen bräuchten dringend diese Zeit, die wir ihnen anscheinend gewähren, ohne darüber nachzudenken, dass genau diese Zeit für die Menschen fehlen wird, die uns am Herzen liegen.

▶ *Seien Sie viel großzügiger mit der Zeit für Menschen, die Ihnen am Herzen liegen und die Ihnen etwas bedeuten, und seien Sie viel zurückhaltender mit der Zeit, die Sie anderen Menschen gewähren, die Ihre Zeit gerne hätten. Treffen Sie bewusste Entscheidungen. So werden Sie produktiver und haben dann auch Zeit zum Träumen.*

10. Fehlende Tagesplanung

Es ist immer wieder das Gleiche. Bei allen Umfragen unter Managern stelle ich zwei wesentliche Zustände fest. Zum einen findet keine Tagesplanung statt. Es werden keine zehn Minuten dafür investiert, sich vorzustellen, was an dem nächsten Tag passieren soll, was davon wichtig ist und was nicht, was gemeinsam erledigt werden kann und wo manches Unvorhergesehene zu erwarten ist. Das zweite ist, dass wir maßlos überschätzen, was an einem Tag erledigt werden kann, aber unterschätzen, was in einer Woche erreicht werden kann. Aus diesem Grund ist auch neben der Tagesplanung die Wochenplanung wichtig!

▶ *Beginnen Sie mit der Tages- und Wochenplanung! Am besten sofort!*

4. REGEL: Die zehn häufigsten Zeitdiebe fangen

Bei den Zeitdieben ist es weniger Ihre eigene Einstellung; es sind vielmehr Anforderungen von außen, die Ihnen Ihre Zeit im wahrsten Sinne des Wortes stehlen. Es gibt „Zeitdiebe". Ob diese nun in Form anderer Menschen auftauchen, die wirklich einen Teil Ihrer Zeit wegnehmen, oder ob mangelnde Organisation oder Kommunikation die Ursachen sind, ist zweitrangig. Wichtig ist allein die Tatsache, dass Ihnen Zeit gestohlen wird und Sie möglichst möglichst alle Zeitdiebe fangen sollten. Dabei wird jedoch wieder Ihre persönliche Einstellung zur Zeit eine Rolle spielen, denn erst, wenn Sie sich der immensen Bedeutung Ihrer Zeit bewusst sind, wird es Ihnen auffallen, wo und wie Ihnen Zeit gestohlen wird.

1. Prioritätenkonflikte
2. Unterbrechungen
3. mangelnde Kommunikation
4. unzureichende Zeitkultur anderer

190

5. Lange und unnötige Konferenzen
6. Versagen der Technik
7. Rückdelegation
8. Fehler anderer
9. Reisezeit
10. Wartezeiten

Diese Zeit, wird nicht für Ihre Ziele eingesetzt, sie wird Ihnen abgeluchst. Sie tun gar nichts dazu, Sie reagieren lediglich auf äußere Umstände. Darin liegt der Unterschied zur Zeitverschwendung, bei der Sie aktiv sind und freiwillig Ihre Zeit wegwerfen. Zeitdiebe klauen Ihre Zeit!

1. Prioritätenkonflikte

Bei diesen handelt es sich um einen ganz gerissenen und geschickten Dieb. Wenn Prioritäten gleich großer Bedeutung aufeinanderprallen, wissen wir im ersten Augenblick nicht was zu tun ist. Zumal sind beide anstehenden Tätigkeiten gleich wichtig. Besinnen Sie sich auf Ihre Grundwerte und machen Sie nicht den Fehler, beides auf einmal erledigen zu wollen. Ein klärendes Gespräch, so schwierig es auch manchmal sein mag, hilft Ihnen, die Reihenfolge der zu erledigenden Aufgaben neu festzulegen. Vergessen Sie auch nicht, dass die Welt sich immer weiterdrehen wird (auch ohne Sie) und dass wir uns in der Regel viel zu wichtig nehmen. Gewinnen Sie Abstand und betrachten Sie die Probleme aus der Entfernung. Oft sieht es dann schon ganz anders aus und es wird schnell deutlich, was jetzt wirklich wichtig ist.

▶ *Führen Sie eine Werteanalyse durch und betrachten Sie die Situation aus der Ferne. Oft hilft Ihnen das, deutlicher zu sehen.*

▶ *Führen Sie dann ein klärendes Gespräch, um die Reihenfolge der Prioritäten neu festzulegen.*

2. Unterbrechungen
(z.B. durch Telefonate und unangemeldete Besucher)

Der lästigste Zeiträuber! Durch Störungen verlieren wir die meiste Zeit. Bei der Arbeit mit Managern und Unternehmern stelle ich immer wieder fest, dass diese beiden Zeiträuber für viele anscheinend den ganzen Tagesablauf bestimmen. Die eigene Zeit wird dann wirklich gestohlen. Wie bereits bei den Prioritäten angesprochen, hängt dieser Umstand mit einer ganz prinzipiellen Einstellung zusammen, unter der die meisten Menschen leiden. Dieser Zustand, den ich gerne „reaktives Verhaltensmuster" nenne, ist weit verbreitet.

Unser ganzer Alltag funktioniert so, und, weil so viel Unvorhergesehenes jeden Tag auf uns hereinbricht, verhalten wir uns auch in den wenigen Zeiträumen, in denen wir Zeit hätten, reaktiv, und lassen uns ablenken.

So ist es dann ganz normal, dass uns Menschen mit dem Telefon oder durch ihre unangemeldeten Besuche stören können. Viele Führungskräfte und Unternehmer schauen mich bei diesen Ausführungen manchmal etwas verständnislos an. „Es sind doch meistens Kunden, Geschäftsfreunde oder Lieferanten, die uns anrufen, und diese haben eben eine hohe Priorität."

Selbst wenn wir glauben, dass alle wirklich eine „hohe Priorität" haben, frage ich zurück, ob die Betroffenen denn erreichbar sind, wenn sie sich in einem Termin mit einem Kunden befinden. „Natürlich nicht, in Besprechungen gehen wir nicht ans Telefon." (Manche sagen auch hier „ja" und wir unterhalten uns nach der Sitzung über das bereits beschriebene Konferenz- und Besprechungsproblem). Wenn Sie in Besprechungen nicht gestört werden wollen, bei denen es sich oft um weniger wichtige Dinge handelt, warum lassen Sie sich dann bei der Arbeit stören, bei der es sich um wirklich wichtige Dinge dreht? Viele haben schon von der „stillen Stunde" oder dem „Termin mit mir" gehört, wie die ungestörten Zeitabschnitte auch genannt werden. Ich spreche in diesem Zusammenhang gerne von „strategischen Zeitfenstern" und meine damit Zeiträume, in denen wir dafür sorgen, nicht gestört zu werden. Es wird sich dabei in der Regel nicht um einen ganzen Tag handeln, und Sie werden auch weiterhin einen großen Teil der Zeit erreichbar sein. Die genaue Technik der strategischen Zeitfenster wurde bereits bei der Wochenplanung beschrieben.

Reduzieren Sie diese Art von Zeiträubern, indem Sie zum proaktiven strategischen Zeitmanager werden.

▶ *Sorgen Sie durch strategische Zeitfenster dafür, dass Sie ausreichend Zeit für die Ihnen wichtigen Aufgaben haben.*

▶ *Vergrößern Sie diese Zeitfenster immer weiter, sodass bald für Störungen keine Zeit mehr sein wird.*

3. Mangelhafte Kommunikation

Ein Zeitdieb ersten Ranges ist die unklare Kommunikation von anderen Menschen, mit denen wir eine Aufgabe oder Leistung vereinbaren (unklare Kommunikation von uns selbst wäre eine Zeitverschwendung). Durch diese unklaren Anforderungen oder mangelhafte Kommunikation erledigen wir Dinge, nach denen gar nicht gefragt wurde, oder wir machen Aufgaben mit einem hohen Aufwand an Zeit dennoch schlecht, da wir die Erwartungshaltung der anderen Menschen nur ungenügend kennen. Viel Zeit wird uns auf diese Weise geraubt.

▶ *Fragen Sie nach, wenn Sie etwas nicht verstehen oder unklar ist. In der Regel fragen wir viel zu wenig.*

▶ *Beginnen Sie öfter und mehr zu fragen, was gemeint ist. Beginnen Sie damit, eine eindeutige Kommunikationskultur einzuführen.*

▶ *Stellen Sie auch unbequeme Fragen. Wenn es heißt, dass etwas getan werden muss, dann fragen Sie nach: „Wer?", „Warum?", „Bis wann?"*

4. Unzureichende Zeitkultur anderer Menschen

Es ist doch immer wieder das Gleiche! Sobald Sie beginnen, sich selbst besser zu organisieren, werden Sie merken, dass deswegen die Menschen, mit denen Sie zusammenarbeiten, nicht besser organisiert sind. Sie müssen auf unpünktliche Menschen warten oder Aufgaben einfordern, die Sie delegiert haben und die einfach nicht fertig werden.

Andere Menschen stören Ihren geordneten Tagesablauf mit unwichtigen Anrufen oder durch unproduktive Gespräche oder Besprechungen. Sie müssen mit diesen Leuten auskommen, denn Sie haben nur diese. Es wird auch schlecht möglich sein, dass Sie sie ändern werden (jedenfalls nicht so schnell). Oft kommt auch hinzu, dass es sich bei ihnen um Ihre Chefs, Kunden, Gesellschafter oder Partner handelt, also um Menschen, von denen Ihr Erfolg ganz wesentlich abhängt.

Verzweifeln Sie nicht, denn Sie werden in allen anderen organisierten Menschen Leidensgenossen finden, die sich mit den gleichen Problemen herumschlagen. Wie gehen Sie aber damit um? Nun, zum einen müssen Sie lernen, mit dieser Situation zu leben, und zum anderen Ihren Kontrollbereich immer weiter auszudehnen und zu versuchen, andere positiv zu beeinflussen. Mit manchen Menschen werden Sie mit der Zeit Spielregeln vereinbaren können, und andere werden Sie zunehmend nach dem Geheimnis Ihres Erfolges fragen. Mitarbeiter können in Sachen Zeitmanagement ausgebildet werden und für Kunden eignen sich Bücher oder auch Werkzeuge gut als Geschenk. Es wird nicht immer leicht sein, aber steter Tropfen höhlt den Stein.

▶ *Akzeptieren Sie die Tatsache, dass nicht alle Menschen gleich gut organisiert sind und leben Sie damit.*

▶ *Integrieren Sie diese Erkenntnis in Ihre Planung. Wartezeit kann auch gewonnene Zeit sein.*

▶ *Beeinflussen Sie überall dort, wo Sie Einfluss haben, und seien Sie ein gutes Vorbild.*

▶ *Vereinbaren Sie Spielregeln und werden Sie zum Time-Coach.*

5. Lange Konferenzen

Leider habe ich (noch) keine realistischen Zahlen für diesen Zeitdieb, aber ich schätze den Schaden auf viele Milliarden jedes Jahr, der dadurch entsteht, dass unnötige Besprechungen einberufen werden oder notwendige Besprechungen viel zu lange dauern. Überprüfen Sie den Ablauf Ihrer Besprechungen sehr kritisch und fragen Sie sich stets, ob man da nicht Abhilfe schaffen kann.

Prüfen Sie bei einer Besprechung immer folgende Punkte:

1.) Ist genügend Zeit zur Vorbereitung der Besprechung? Findet die Einladung zur Besprechung rechtzeitig statt? Stehen auf der Einladung die genaue Agenda und der Grund für die Besprechung?

2.) Werden Unterlagen zur Vorbereitung den Beteiligten vorher ausgehändigt?

3.) Werden die Gesprächsthemen und vor allem die Ziele der Besprechung vorher auf der Einladung bekannt gegeben?

4.) Sind die richtigen Teilnehmer eingeladen? Oder werden zu wenige oder zu viele Teilnehmer eingeladen? Ist klar, wer die Besprechung eröffnet und leitet?

5.) Beginnt die Besprechung pünktlich?

6.) Ist ein günstiger Treffpunkt / Raum für diese Besprechung gefunden?

7.) Könnten Störungen der Besprechung durch Telefon, Besucher oder hereingereichte Aufgaben entstehen?

8.) Werden Abweichungen vom Besprechungsthema toleriert?

9.) Gibt es für die Besprechung gute Unterlagen?

10.) Können Besprechungsergebnisse oder Diskussionspunkte visualisiert werden? Gibt es bei wichtigen und komplexen Themen einen Moderator, der die Besprechung leitet?

11.) Hören die Teilnehmer einander zu, oder dominieren Vielredner gegenüber betroffenen Zuhörern?

12.) Gibt es bei langen Besprechungen ausreichende Pausen?

13.) Werden die Ergebnisse festgehalten und ist klar, wer was bis zum nächsten Mal erledigen muss?

14.) Gibt es ein kurzes, genaues und vor allem pünktlich eingereichtes Protokoll?

▶ *Beachten Sie diese 14 Punkte und versuchen Sie einen kleinen Trick: Kürzen Sie alle bisherigen Besprechungszeiten auf die Hälfte, ohne die zu besprechenden Themen einzuschränken. In der Regel wird zu viel Zeit in Besprechungen verbracht. Nur bei wenigen Ausnahmen ist es gerechtfertigt, länger zu tagen.*

6. Versagen der Technik

Wer hat es nicht schon erlebt? Da arbeitet man über Stunden an einer Datei, und kurz vor dem Abspeichern stürzt der Computer ab. Sie wollen eine wichtige Mail versenden, und plötzlich funktioniert der Mailserver nicht, oder, Sie starten morgens ganz arglos Ihren Computer, und nichts passiert. Das Betriebssystem ist abgestürzt und zwingt Sie zu einer neuen Installation (in der Regel wird es ein bestimmtes Betriebssystem sein, aber auch der Umstieg auf ein neues würde viele Probleme für Sie bereithalten).

Ein beliebtes Beispiel aus der Freizeit sind Rasenmäher, die plötzlich nicht mehr funktionieren und die Sie erst langwierig reparieren lassen müssen; oder Fahrräder, deren Reifen platt sind, und Sie deshalb schon weniger Lust auf einen Ausflug haben, usw.

Wenn die Technik versagt, auf die wir angewiesen sind, dann kostet das Zeit. Aber seien wir mal ehrlich zu uns selbst! In wieweit tragen wir daran oft selbst Mitschuld? Wir sind es gewöhnt, dass alles funktioniert und investieren in der Regel keine oder nur sehr wenig Zeit in die Tätigkeiten, alles in Schuss zu halten. Für Flugzeuge wäre dieses Verhalten gefährlich. Vor jedem Flug wird ein Flugzeug gründlich gecheckt, werden immer das Öl und die Bremsbeläge kontrolliert. In der Luft geht das nicht mehr. Das Wartungsprogramm ist fest vorgeschrieben. Alle 50, 100 und 200 Stunden gibt es einen Werkstatt-(Werft-)Aufenthalt, bei dem verschiedene Teile ausgetauscht werden, auch wenn sie noch einwandfrei funktionieren.

Nur so kann einem Versagen der Technik bestmöglich vorgebeugt werden. Wie sieht es mit unseren eigenen Checkintervallen aus? Wie oft führen Sie eine Datensicherung durch (eine Frage, mit der man in der Regel jeden verlegen macht)? Was wäre, wenn Ihr Computer heute abstürzt?

Technik kann ausfallen. Wir können zum einen dazu beitragen, dass dies sehr unwahrscheinlich wird, indem wir jedes Gerät, das wir nutzen, auch warten. Zum anderen können wir uns auf solche Situationen vorbereiten und Alternativen dazu entwickeln, wie wir ohne die Technik auskommen.

▶ *Reduzieren Sie Ausfallzeiten der von Ihnen genutzten Technik, indem Sie Zeit auf Wartung, Datensicherung und Pflege verwenden.*

7. Rückdelegation

Häufig werden delegierte Aufgaben zurückdelegiert, indem Mitarbeiter mit ihren Problemen zu Ihnen kommen und um Lösungen bitten. Unser Ego funktioniert meistens sehr gut, und so sind wir stolz darauf, gebraucht und gefragt zu werden. Natürlich helfen wir gerne! Quatsch – werfen Sie diese Gedanken über Bord.

Richtig delegieren heißt, neben der Arbeit auch die Kompetenz und die Verantwortung zu delegieren. Wenn dies der Fall ist, dann verlangen Sie Lösungen. Geben Sie Hilfestellung, aber lösen Sie nicht das Problem. Hilfestellung ist Ausbildung. Bis zu einem gewissen Punkt ist das nötig; ab einem gewissen Punkt wird sich Ihnen jedoch die Frage aufdrängen, ob Sie die richtigen Mitarbeiter haben.

Das Problem der Rückdelegation kann auch sehr viel mit Ihrer Autorität und Persönlichkeit zu tun haben. Beides wird durch unser Selbstbewusstsein aufgebaut. Die Art und Weise, wie wir uns selbst sehen, ist ausschlaggebend dafür, wie wir uns verhalten. Die Lösung ist in Ihr Selbstbewusstsein zu investieren. Führen Sie Tagebuch, nehmen Sie sich die Zeit, reflektieren Sie Ihr Handeln.

▶ *Investieren Sie in Ihr Selbstbewusstsein. Werden Sie sich Ihrer selbst bewusst. Und handeln Sie danach.*

8. Fehler anderer

Oft sind es ja auch wirklich andere, die Fehler machen (in der Regel seltener als wir meinen), und Sie haben dann unter dem

Zeitverlust zu leiden. Sei es der sich spontan geänderte Gesprächsinhalt einer Besprechung, seien es die unklare Kommunikation mit Ihren Kunden oder deren wirklich geänderte Meinung zu einem Produkt bei der ersten Präsentation. Manche Menschen ändern gerne Pläne und Zeitschienen, andere neigen dazu, sich nicht an Abmachungen zu halten.

Sie können sich jetzt sicher eine Vielzahl von Fehlern anderer vorstellen. Aber wie viele es auch sein mögen, benutzen Sie diese nicht als Ausrede. Überlegen Sie, was der jeweils beste Weg ist, mit solchen Fehlern anderer Menschen umzugehen. Oft können Sie sich darauf einstellen und bei Kunden, die dafür bekannt sind, ihre Meinung häufig zu ändern, eben mehr Zwischenpräsentation zu vereinbaren oder eine unklare Kommunikation durch gezielte Fragen von Ihrer Seite aus auflösen.

Wir können auch Zeit dafür investieren, andere Menschen auszubilden und ihr Verhalten mit der Zeit Schritt für Schritt zu verändern. In vielen Fällen können wir aber auch gar nichts tun, außer uns möglichst wenig über die Situation aufzuregen. Ihr eigenes gutes Zeitmanagement wird Ihnen helfen, für diese Störungen genügende Reserven zu haben.

▶ *Coaching = anderen Menschen durch einen positiven Einfluss dabei zu helfen, ihr zeitraubendes Verhalten zu ändern.*

▶ *Planung = auch die Fehler anderer Menschen können eingeplant werden. Nutzen Sie Pufferzeiten, um mit dieser Art von Zeiträubern besser umzugehen.*

9. Reisezeit

Reisen sind oft unerlässlich und kosten viel Zeit. Auf dem Weg zu sein, ist zudem ein Gefühl, dass die Zeit wie im Fluge vergangen ist, ohne dass wir wirklich produktiv sein konnten. Wir sind müde von einer langen Reise und merken erst in einem größeren Zeitfenster, dass wir diese Zeit verloren haben.

Auch hier gilt die Regel, dass eine verdoppelte Planungszeit eine Halbierung der Ausführungszeit bedeutet. Ganz konkret können bei etwas mehr zeitlicher Investition in die Planung Termine zusammengelegt werden, oder auch räumlich nahe Termine auf einmal erledigt werden.

Ich bin immer wieder erstaunt, wie wenig Menschen die Konferenzfunktion ihres Handys oder die Dienstleistung einer Telefonkonferenz kennen. Wissen Sie, ob Ihr Handy eine Konferenzschaltung hat? Mit dieser Konferenzfunktion können Sie zwei weitere Gesprächspartner in eine Dreierschaltung integrieren, sodass sich jeder mit jedem unterhalten kann. Oft ist dies eine sehr gute Alternative für Gesprächspartner, die sich gut kennen. Auch gibt es einige Anbieter, die große Telefonkonferenzen anbieten, indem jeder Teilnehmer eine Einwahlnummer erhält. Beliebig viele Menschen können sich in ein derartiges System einwählen. Haben Sie es schon einmal probiert?

Wenn Sie reisen, dann nutzen Sie entweder eine sehr schnelle Form, um Ihre Zeit besser anderweitig nutzen zu können. Denken Sie stets daran, dass Zeit oftmals viel mehr wert ist als Geld. Gehen Sie daher mit Ihrer Zeit sorgsam um. Auch kann die Reisezeit selbst im Zug besser genutzt werden. Sie können sich entweder auf den jeweiligen Termin vorbereiten oder ein gutes Buch lesen. Ruhen Sie sich aus, nutzen Sie die Reisezeit zur Entspannung und zum Träumen. Wann haben Sie das letzte Mal über Ihre Ziele nachgedacht? Diese Lebensplanung in Form von Zielplanung können Sie sehr gut im Zug durchführen, während die Landschaft an Ihnen vorbeizieht. Stellen Sie sich dabei vor, die Landschaft ist die Zeit, durch die Sie reisen; Zeit, die Sie gestalten können; Zeit, die Sie zu Ihrem Ziel bringen wird. Es ist angenehm, in Bewegung ruhig zu verharren und zu beobachten, wie sich alles andere bewegt.

Wenn es denn sein muss, dass Sie ins Auto steigen, weil alle anderen Verbindungsmöglichkeiten unbefriedigend sind, so nutzen Sie jedenfalls diese Fahrt und hören entspannt Musik oder ein Hörbuch. Sie brauchen ja nicht zu rasen, denn die Fahrzeit wird von Ihnen sinnvoll genutzt. Reisen Sie entspannter und somit auch sicherer. Sehr viele Menschen sind in der Hetze des Lebens gescheitert und umgekommen, weil sie unbedingt noch 50 km/h schneller sein mussten.

▶ *Optimieren Sie Ihre Reisegewohnheiten. Fragen Sie sich, ob die Reise notwendig ist, ob sie sich mit anderen Reisen kombinieren lässt. Vielleicht gibt es Alternativen zur Reise (Telefonkonferenz). Jedenfalls wenn Sie reisen, dann nutzen Sie die Reisezeit ganz bewusst.*

10. Wartezeiten

Wir sind oft so sehr auf die effiziente Verwendung unserer Zeit bedacht, dass wir unter keinen Umständen zu früh, sondern immer genau pünktlich ankommen wollen. Dieses „Zeit optimierende Verhaltensmuster" führt in logischer Konsequenz dazu, dass wir mehr gestresst und eben auch oft unpünktlich sind. Andere Menschen betreiben dies ebenfalls, und so passiert es, dass auch wir gelegentlich warten müssen. Wie fühlen Sie sich, wenn Sie jemand warten lässt? Wie wirkt sich das auf das Image dieses Menschen aus?

Unpünktlichkeit ist Unhöflichkeit und reicht sogar bis zur Respektlosigkeit. Auch wenn nach außen oft darüber hinweggesehen wird und eben wieder einmal der Verkehr schuld war, so wird im Wiederholungsfalle immer mehr Vertrauen verspielt.

Letztens habe ich ein Seminar bei einer Gruppe von Unternehmern gehalten, die sich untereinander gut kannten. Das Seminar begann wie immer pünktlich, alle waren da, bis auf eine Person.

Der Kommentar eines Teilnehmers war im Spaß gesagt, dass bestimmt wieder der Verkehr schuld sein wird, wobei alle anderen, die aus der gleichen Richtung angereist waren, lachend bemerkten, dass die Straßen völlig frei waren.

In der Tat kam der noch fehlende Teilnehmer 30 Minuten zu spät und entschuldigte sich mit den schlechten Verkehrsverhältnissen. Ich blieb ernst, aber alle anderen lachten. Die Stimmung im Raum war bereits so gut, dass dieses Lachen nicht verletzend war; aber es zeigte mir, wie sehr dieser Mann seine Glaubwürdigkeit bereits verspielt hatte. Auch wenn er im Geschäftsleben sehr zuverlässig sein sollte, so hätte ich doch meine Schwierigkeiten, ihm zu vertrauen.

Sie sehen, wie wichtig Pünktlichkeit ist. Deshalb werden wir häufig auch ein wenig zu früh ankommen und öfter auf andere warten müssen. Es entstehen zwangsläufig Wartezeiten.

Trennen Sie sich von dem Gedanken, dass Wartezeit verlorene Zeit ist. Wartezeit ist nämlich gewonnene Zeit, wenn Sie richtig damit umgehen. Verwenden Sie diese Zeit zum Beispiel zur Planung und zum Nachdenken über den Fortschritt Ihrer Ziele.

▶ *Nutzen Sie Wartezeiten ganz konsequent für Ihre Ziele.*

5. REGEL: **Nutzen Sie die richtigen Werkzeuge**

Um Ziele und Zeit überhaupt planbar zu machen, sind dafür Werkzeuge notwendig. Ich staune immer wie selbstverständlich es ist, dass wir im Unternehmen mit Instrumenten planen, aber meinen, dies im privaten Leben nicht zu brauchen. Jeder Architekt würde gar nicht auf die Idee kommen, ohne CAD zu planen und Pläne zu verwalten. Die Notwendigkeit von Werkzeugen für bestimmte Aufgaben ist unbestritten. Es ist aber nicht zu verstehen, dass es immer noch viele Menschen gibt, die meinen, die komplexeste und wichtigste Aufgabe in ihrem Leben ließe sich ohne Werkzeuge meistern. Unsere Ziel, zu be-schreiben, sie zu strukturieren und zu planen, ist eine wichtige und je nach Größe der Ziele mitunter komplexe Aufgabe. Die dafür notwendige Zeit muss geplant werden, und Fortschritte müssen überwacht werden. Aber anscheinend ist es uns gar nicht so ernst damit, das richtige Leben auch richtig zu leben. Der Umstand, dass es so wenige Menschen tun, scheint diesen Verdacht zu bestätigen.

Wenn Sie Ihre Ziele erreichen und Sie besser mit Ihrer Zeit umgehen wollen, dann brauchen Sie dafür Werkzeuge. Ganz gleich ob digital oder auf Papier, Sie brauchen ein zentrales Instrument, um Ihre Ziele zu definieren, Ihre Strategie festzulegen und Ihre Zeit ordentlich zu planen.

In meinem Buch „eTiming" beschreibe ich beide Möglichkeiten der Ziel- und Zeitplanung, sowohl auf Papier, als auch in digitaler Form. Dieses Buch führt Sie in die modernen Methoden der Zeitplanung ein, berücksichtigt aber auch den Anspruch vieler, dies lieber auf Papier zu tun. Die darin vorgestellten Methoden beruhen auf der Synergie beider Medien, und der Leser wird in die Lage versetzt, sowohl mit Papier, als auch elektronisch die Hoheit über seine Zeit zurückzugewinnen.

Für die hier vorgestellte Philosophie ist es bedeutsam, dass Sie auf alle Fälle ein Werkzeug brauchen, mit dem Sie Ihre Ziele beschreiben und mit dem Sie Ihre Zeit strategisch planen können. Alle Methoden funktionieren nur, wenn sie täglich angewendet werden. Auch wenn Sie ganz einfach starten wollen, brauchen Sie ein Zeitplanbuch oder einen elektronischen Organizer, mit dem Sie Ziele für Ihre „7 Horizonte" und Ihre acht Lebensbereiche formulieren, um in Balance zu leben. Zusätzlich brauchen Sie für den Alltag mindestens einen Wochenplaner; mit dem Sie vorausschauend und aktiv Ihre Zeit gemäß Ihren neuen Prioritäten einteilen können.

Denn der Augenblick zählt
Eine Zusammenfassung von „LebensStrategie"

Leben im Augenblick

Die Herrschaft über den Augenblick ist die Herrschaft über das Leben.

MARIE VON EBNER-ESCHENBACH

Ein wesentliches Anliegen dieser Arbeit ist es, den Augenblick zurückzuerobern. Erst wenn wir wieder lernen, im Hier und Jetzt zu leben, haben wir die Möglichkeit, unser eigenes Leben überhaupt wahrzunehmen und zu spüren. Erst in der Verbindung zur Gegenwart wird Lebensfreude lebendig. Wir bekommen nur in der Gegenwart einen Zugang zu der großen Freiheit, die jeder besitzt, nämlich die Freiheit über die eigenen Reaktionen und Handlungen, in jedem Augenblick zu entscheiden. Auch die Freiheit, etwas abzulehnen, sich stressen oder beleidigen zu lassen.

Unser Leben findet nur hier und jetzt statt, Augenblick für Augenblick. Der natürliche Zustand des Lebens ist die Gegenwart und ich sehe es als eine unserer vorrangigsten Aufgaben an, diese Zeitform zurückzuerobern. In jeder Religion ist die Besinnung, ob nun im Gebet oder in der Meditation, ein wesentlicher Bestandteil. Diese Besinnung ist ein Anker für die Gegenwart. Wir vergessen das Treiben des Alltags und besinnen uns auf unser höheres Selbst. In der modernen Zeit weichen Religionen mehr und mehr modernen Ansichten. An die Stelle des Gottesdienstes treten Erfolgsglaube und Selbstverwirklichung. Die Gefahren sind, dass wir uns ständig in der Zukunft aufhalten, uns mit allen möglichen Techniken unsere Ziele vorstellen und in schillernden Farben ausmalen. Wir hetzten uns von einer Lebensetappe zur nächsten, anstatt das Leben an sich zu genießen und bewusst zu leben.

Dies soll keine Anleitung zum Müßiggang werden, aber ich habe den leisen Verdacht, dass mehr Menschen mit Müßiggang glücklich geworden sind als Menschen mit übertriebener Leistungsorientierung. In welcher Mitte Ihre Lösung auch liegen mag, wichtig wird sein, den Augenblick zu leben und zu genießen, jeden Tag aufs Neue.

Keine Zukunft vermag gutzumachen,
was du in der Gegenwart versäumst.

ALBERT SCHWEITZER

Das Leben im Augenblick hat aber auch noch einen anderen durchaus erfolgreichen Effekt. Dadurch, dass wir uns auf den Augenblick konzentrieren, werden wir wesentlich besser auf Menschen eingehen können, die uns in diesem Augenblick begleiten. Sei es in einem Mitarbeitergespräch oder bei einer Präsentation, bei einer Rede oder einem Angebot, bei einem privaten Termin oder bei unserem Hobby. Immer wird unsere Aufmerksamkeit dazu führen, dass wir die gegenwärtige Aufgabe in der höchst möglichen Weise lösen. Denn es sind die Unbedachtheit, fehlende Konzentration oder eine nicht wahrgenommene Gelegenheit, die unseren Erfolg begrenzen. Wenn wir es schaffen könnten, jeden Augenblick aufmerksam und konzentriert zu sein, wären wir persönlich und beruflich viel erfolgreicher.

Das Leben im Augenblick hat aber auch noch einen dritten Aspekt, der den eigentlichen Grund für den Titel dieses Buches darstellt. Die Konzentration auf den Augenblick ist der wesentliche Faktor im Umgang mit unserer Zeit. Wir haben genug Zeit und genug Augenblicke. Wir verschwenden allerdings zu viele davon, die meisten damit, dass wir unsere Unaufmerksamkeit in der Vergangenheit in der Gegenwart ausbügeln müssen, die somit auch gleich wieder Vergangenheit ist, ehe sie lebbare Gegenwart werden konnte. Um dieses kleine Wortspiel aufzulösen, machen wir uns doch einmal unseren Alltag bewusst. Mal abgesehen von den vielen unsinnigen Momenten, die wir mit wirklich belanglosen Tätigkeiten anfüllen, benötigen wir viel

Zeit, um Probleme zu lösen, die dadurch entstanden sind, dass wir nicht aufmerksam waren, als die Vergangenheit noch Gegenwart war. Bei dieser Krisentätigkeit missachten wir aber wieder den gegenwärtigen Augenblick und programmieren somit schon unsere nächsten Krisen. Ein Krisenkreislauf setzt sich in Gang, dem wir uns jeden Tag gegenüber sehen. Das Gefühl „gelebt zu werden" entsteht durch diesen Kreislauf, von der einen zur anderen Krise gehetzt zu werden. Oftmals wird dabei ein ganz virtueller Druck aufgebaut, der in keinem Verhältnis zu dem eigentlichen Wert der Tätigkeit steht. Wir sind nicht mehr Herr über unsere Zeit, sondern unsere Zeit ist Herr über uns geworden und hat die Führung übernommen. Das typische reaktive Szenario des Lebens, das wir jeden Tag bei uns und anderen entdecken können. Die entscheidende Frage ist: Muss das so sein?

Leben im Augenblick heißt, proaktiv das Leben und vor allem den Augenblick zu gestalten. Dadurch entsteht Lebensfreude.

Entschleunigung, oder: das Prinzip der Langsamkeit

Die Zeit ist ein Gefährte,
der uns auf dem Weg durchs Leben daran erinnert,
jeden Moment zu genießen,
denn er wird nicht wieder zurück kommen.

Was würden Sie tun, wenn Sie mal so richtig Zeit hätten?

Welche Gedanken gehen Ihnen bei dieser Frage durch den Kopf?

„Ich würde gerne mal durch eine Stadt bummeln und stehen blei-
ben, wo ich möchte."
„Ich würde in Ruhe ein gutes Buch lesen."
„Ich würde mehr Sport treiben."
„Ich würde mit einem mir lieben Menschen lange Spaziergänge
unternehmen."
„Ich würde meine Seele baumeln lassen und hätte kein schlechtes
Gewissen dabei, mal gar nichts zu tun."
„Ich würde mich mal wieder meinem Hobby widmen, zu dem ich
schon lange nicht mehr kam."

So ähnlich sehen die Gedanken aus, die uns durch den Kopf gehen, wenn wir uns fragen, was wäre, wenn wir Zeit hätten. Die Geschwindigkeit unseres Alltags rührt auch daher, dass wir uns stets mit einer bestimmten Form der Zeit beschäftigen. Diese haben die alten Griechen nach dem Gott Chronos benannt und bezeichneten damit die dahinfließende Zeit. Die Worte Chronologie und Chronograph leiten sich davon ab. Diese Zeit können wir mit Uhren messen und einteilen, und von dieser Zeit werden wir in Form von Stunden, Minuten und Sekunden durch den Alltag getrieben.

Wie war es aber in den Momenten, in denen Sie sich glücklich gefühlt haben, in denen Sie in einer Tätigkeit aufgegangen sind und wo es Ihnen ganz einfach sehr gut ging. Wieviel Zeit verbrauchten Sie in solchen „guten Zeiten"? Wie war Ihr Zeitgefühl in diesen Momenten?

Ist es nicht so, dass wir uns unter dem Diktat von Chronos für ein Ziel abmühen, ohne richtig Fortschritte zu machen, und plötzlich ergibt sich eine günstige Gelegenheit, ein Gespräch mit einem Fremden, und unser Problem ist gelöst?

Nehmen wir das Beispiel eines jungen Selbstständigen, der lange Zeit bemüht war, seine Selbstständigkeit vorzubereiten, zu planen und dafür zu arbeiten. In dieser Zeit war er gehetzt und gestresst. Dann plötzlich kam der günstige Augenblick, und er lernte einen besonderen Menschen kennen, der gleiches vorhatte und schon gute Kontakte im Markt hatte. Plötzlich war es viel leichter. Die beiden planten zusammen das neue Geschäft, und viele der bestehenden Probleme unseres jungen Selbstständigen lösten sich auf.

Oder denken Sie an die glückliche Zeit der ersten Liebe. Haben Sie in dieser Zeit oft auf die Uhr gesehen und Ihr Glück in Stunden und Minuten gemessen? Wohl kaum. Das subjektive Erleben von Zeit, die sogenannte günstige Zeit, nach dem griechischen Gott Kairos genannt, ist ganz anders als Chronos. Kairos beschreibt den persönlichen, emotionalen Wert, den eine bestimmte Zeitspanne hat. Kairos lässt sich nicht mit Uhren messen, verlangsamen oder beschleunigen. Kairos ist eine Eigenzeit, die in uns wirkt, unser Gefühl für schöne und gute Zeit. Wir genießen sie und meinen gerade mal eine Stunde erlebt zu haben, wo in Wirklichkeit mehrere Stunden an uns vorbeigezogen sind. Kairos steht auch für „günstige Zeit". Es gibt für alles eine gute und eine schlechte Zeit. Mit Kairos leben wir in der Gegenwart, wohingegen die Gegenwart bei Chronos gar nicht richtig existiert, denn jeder Augenblick ist ein Funke zwischen Vergangenheit und Zukunft. Meistens leben wir in der Chronos-Zeit und denken daher sehr häufig in Vergangenheit oder Zukunft.

Um das zu spüren, können Sie eine ganz einfache Übung machen. Schließen Sie für eine Minute die Augen und lassen Sie ganz einfach Ihre Gedanken fließen. Wenn Sie sich diese Gedanken bewusst machen, fragen Sie sich:

Wieviel Prozent der Gedanken spielten in der Vergangenheit und wieviel in der Zukunft?

In der Regel fanden alle Gedanken in der Vergangenheit oder Zukunft statt. Ein Zeichen, dass Sie sich in der Chronos-Zeit befunden haben. In der Kairos-Zeit nehmen wir den Augenblick wahr und leben in der Gegenwart. Ihnen wird dann bewusst, wie sich Ihr Körper anfühlt, und welche Reize von der Umwelt auf Sie einwirken. Sie spüren die Sonne auf Ihrer Haut und den Wind in den Haaren. Kairos ist Jetzt-Zeit und Leben im Augenblick. Es ist die natürlichere Zeit, denn in den vielen hunderttausend Jahren unserer Geschichte gab es die meiste Zeit keine Uhren.

Der Weg zu einem Leben im Kairos führt zur Wiederentdeckung der Langsamkeit. Viele Dinge brauchen Zeit, und wir sind nicht bereit, diesen Dingen die nötige Zeit zu geben.

Wir gleichen einem Bauern, der Getreide säht und ganz ungeduldig an den Grashalmen zupft, um das Wachstum zu beschleunigen. Es wird nicht funktionieren. Wachstum braucht seine Zeit. Auch unser Wachstum brauchte seine Zeit, und unser geistiges Wachstum hält ein Leben lang an. So wie der Bauer durch das Zupfen an dem Getreide eher dessen Wachstum schadet, so schaden auch wir unserem geistigen Wachstum durch permanente Hektik.

Lernen Sie zu warten!

Wir müssen wieder lernen, langsamer zu werden und warten zu können, so wie es Sten Nadolny in dem Buch „Die Entdeckung der Langsamkeit" beschreibt. Wieviel erfolgreicher kann ein Mensch sein, wenn er langsamer ist? Dies gilt auch für uns selbst. Ein aktuelles Wort in diesem Zusammenhang ist das Gegenteil von permanenter Beschleunigung: **Entschleunigung**.

Entschleunigen Sie Ihr Leben und entdecken Sie das Prinzip der Langsamkeit!

Lernen Sie, Ihr Leben zu entschleunigen, und Sie werden sehen, wie Sie beginnen, in der Gegenwart zu leben und Kairos zu spüren.

Verzichten Sie an manchen Tagen ganz einfach auf Ihre Uhr.

Auf diese Weise lassen Sie Chronos ganz bewusst links liegen. Nehmen Sie sich Zeit zum Träumen und zum Lesen. Schlendern Sie bei Ihrem nächsten Gang durch die Stadt einmal dahin und schütteln Sie den Druck der Zeit ab.

Schlendern Sie auch mal auf Umwegen!

Nehmen Sie sich ganz bewusst Freiräume ohne Aktivitäten. Fangen Sie an, zu meditieren, zu beten oder machen Sie in solchen Zeiten ganz einfach Ihren Kopf leer. Nur mit einem leeren Kopf können Sie neue Einfälle haben, sonst ist ja kein Platz. Da unser Kopf permanent „voll" ist, können wir gar nicht mehr kreativ sein. Zeit, in der Sie in Ruhe nachdenken können, ist geschenkte Zeit und schafft Freiraum für Kreativität, Ideen und neue Impulse.

Machen Sie schöpferische Pausen!

Vielleicht werden Sie jetzt einwenden, dass dies vollkommen unrealistisch ist. Aber sobald Sie es probieren und feststellen, wie viel schneller Sie sind, wenn Sie langsamer werden, werden Sie einen neuen Aspekt der Lebenskunst kennen lernen. Oft müssen wir ganz einfach langsamer sein, um schneller voranzukommen.

Vieles, was Sie über strategisches Zeitmanagement hören werden, hat genau mit diesem kleinen Geheimnis zu tun, denn der Augenblick zählt. Nur im Augenblick können wir leben und gestalten. Nicht in der Vergangenheit und auch nicht in der Zukunft. Nur im Augenblick. Der Augenblick ist die Uhrzeit eines glücklichen Lebens.

In 72 Stunden Aktion und vier Wochen bis zur Gewohnheit

Beginnen Sie innerhalb der ersten 72 Stunden ein neues Verhalten einzuüben, sonst fangen Sie gar nicht erst an.

Bei der Änderung von Gewohnheiten dauert es in der Regel vier Wochen, bis das neue Verhalten zur Gewohnheit wird. Man muss sich jeden Tag daran erinnern und die Willenskraft aufbringen dieses Verhalten auch zu leben. Ist diese „magische Zeit" aber erst einmal verstrichen, wird dieses Verhalten Ihnen zur Gewohnheit werden, sodass Sie es immer leichter haben werden. Diese Regel funktioniert bei Verhaltensmustern recht gut.

Wenn es allerdings darum geht, ein ganz neues Paradigma der Lebensplanung einzuführen, wird es etwas länger dauern, und es bedarf der täglichen Konzentration und Fokussierung, proaktiv zu leben. Um „LebensStrategie" wirklich zu leben, werden Sie 6–12 Monate benötigen, in denen Sie sich immer wieder mit den einzelnen Übungen und Teilen von „LebensStrategie" auseinandersetzen, vor allem Erfahrungen sammeln und daraus lernen.

Da es sich um altbekannte grundlegende Wahrheiten handelt und da „LebensStrategie" auf Ihrer persönlichen Wertigkeit und den allgemein gültigen Gesetzen aufgebaut ist, wird Sie dieser Wandel zu dem Erfolg führen, von dem Sie schon immer geträumt haben.

Ihre Strategie entscheidet

Ich hoffe, dass dieses Buch Ihnen helfen wird, sich wieder auf die wesentlichen Dinge im Leben zu konzentrieren. Und Sie wieder neuen Mut gefasst haben, ...

■ ... den Augenblick bewusst zu leben und Ihr Leben zu entschleunigen. Oft heißt langsamer sein, schneller zu werden!

▶ ... offen zu sein für Neues, für andere Gedanken und Ansichten, offener für eine Welt voller Wunder und Menschen voller Liebenswürdigkeit.

▶ ... ein Leben lang zu lernen.

▶ ... über sich und die Kunst des Lebens nachzudenken.

▶ ... proaktiv zu sein, auch, Verantwortung zu übernehmen. Hören Sie auf, Opfer äußerer Umstände zu sein, und gewinnen Sie die Kontrolle über Ihr Leben zurück. Erweitern Sie den Bereich Ihres Einflusses.

▶ ... Menschen so zu behandeln, wie sie sein könnten und nicht so, wie sie gerade sind. Helfen Sie anderen Menschen auf ihrem Weg.

▶ ... zuzuhören, beim Augenblick zu verweilen und alle Gedanken einem anderen Menschen zu widmen. Hören Sie zu und nehmen Sie sich die Zeit, die andere Menschen brauchen. Gerade wenn Sie verlernt haben anderen zuzuhören, nehmen Sie sich umso mehr Zeit, dies wieder zu lernen.

▶ ... auf sich selbst mehr zu achten und sich zu lieben. Nehmen Sie sich Zeit für sich selbst.

▶ ... wieder viel mehr Fragen zu stellen, als Antworten zu geben. Versuchen Sie erst zu verstehen, bevor Sie sich ein Urteil bilden.

▶ ... der Liebe stets den Vortritt zu lassen. Oft werden Sie im Recht sein und auch für Ihr Recht kämpfen. Oft ist es aber sinnvoller, das Leben und die Menschen mit Liebe zu sehen. Es wird Sie auf lange Sicht viel weiter bringen (und darum geht es doch). Denken Sie immer daran, dass Liebe kein Gefühl ist, sondern ein Tun.

In diesem Sinne wünsche ich Ihnen ein erfolgreiches und glückliches Leben.

Sie sind es, die darüber entscheiden und niemand sonst – Ihre Strategie entscheidet!

Leben Sie das richtige Leben richtig – alles andere ist ein Kinderspiel!

Wichtige Bücher für Ihre LebensStrategie

1. Bach Richard, Die Möwe Jonathan, Ullstein Berlin 1993
2. Christiani Alexander, Weck den Sieger in dir!, Gabler, Wiesbaden, 2.Auflage 2000
3. Covey Stephen R. (1), The 7 Habbits of Highly Effective People, Fireside Books, New York 1989
4. Covey Stephen et al. (2), Der Weg zum Wesentlichen, campus, Frankfurt/M. 1997
5. Csikszentmihalyi Mihaly, Flow, das Geheimnis des Glücks, Klett, Stuttgart 1992
6. Forsyth Patrick, Erfolgreiches Zeitmanagement, Falken Verlag, Niedernhausen 1997
7. Frankl Viktor E., Der Mensch vor der Frage nach dem Sinn, Piper, München 1985
8. Gleeson Kerry, The Personal Efficiency Program, Sec. Edit., Wiley, New York 2000
9. Henkel Hans-Olaf; Die Macht der Freiheit, Econ Verlag, München, 5.Auflage 2000
10. Hill Napoleon, Think and Grow rich, Wilshire book co., Los Angeles, 1966 © 1937
11. Hill Napoleon, The Master-Key to Riches, Ballantine Books, New York 1965, 66. Aufl. 1991
12. Hunt Diana, Hait Pam, Das Tao der Zeit, Econ Düsseldorf 1992
13. James Tad, Woodsmall Wyatt, Time Line, Jungfermann Paderborn, 1991
14. Lewis Cynthia, Really important stuff my Kids have taught me, Workman, New York 1994
15. Lynch Dudley, Kordis Paul; DelphinStrategien, Paidia Verlag, Fulda 1992
16. Mackenzie Alec, Die Zeitfalle, Sauer Verlag, Heidelberg 1991
17. Morgenstern Julie, Time Management from the Inside Out, Henry Holt, New York 2000
18. Morgenstern Julie, Organizing from the Inside Out, Henry Holt, New York 1998
19. Nadolny Sten, Die Entdeckung der Langsamkeit, Piper, München 30. Auflage 1994
20. Peck Scott M., Der wunderbare Weg, Goldmann, München 1986

21. Peseschkian Nosrat, Auf der Suche nach dem Sinn, Fischer, Frankfurt/M. 1983

22. Rechtschaffen Stephan, Du hast mehr Zeit, als Du denkst, Goldmann, München 1998

23. Schmidt Josef, Wollner Hilmar, Zeitsouveränität, Schmidt Verlag, Stockheim, 4. Auflage 1996

24. Smith Hyrum, The 10 natural laws of successful Time and Life Management, Warner Book, New York 1994

25. Snead Lynne, Wycoff Joyce, To Do-Doing-Done!, Fireside, New York 1997

26. Seneca Lucius A., Philosophische Schriften, Felix Meiner, 1993

27. Tracy Brian, Thinking Big, Gabal, Offenbach 1998

28. von Fournier Cay, Charisma, Schmidt Verlag Stockheim 2000

29. von Fournier Cay, eTiming, Schmidt Verlag Stockheim 2001

30. von Fournier Cay, Denn der Augenblick zählt, Gabler Verlag, Wiesbaden, - in pres

Über den Autor

Dr. med. Cay von Fournier gründete sein erstes Unternehmen mit 22 Jahren und entwickelte mit 14 Mitarbeitern während seines Medizinstudiums Software für die Bauindustrie. Zeitmanagement wurde für ihn sehr früh zur Notwendigkeit. Seit 1991 wendet er das Managementmodell „UnternehmerEnergie" an und 1994 wurde ihm der Managementpreis „UnternehmerEnergie" des Schmidt Collegs verliehen.

Während seiner Assistenzarztzeit an einem deutschen Universitätsklinikum begann er mit der Seminartätigkeit für das Schmidt Colleg zu den Themen Managementausbildung und Zeitmanagement. Ende 1999 schloss er die Ausbildung als Facharzt für Chirurgie ab. Er wechselte nach seiner Facharztausbildung in die strategische Unternehmensberatung einer großen internationalen Beratungsfirma.

Er ist Autor zahlreicher wissenschaftlicher Veröffentlichungen, internationaler Vorträge und der Bücher „Charisma" und „Zeitmanagement ist Erfolgsmanagement". Sein besonderes Interesse gilt der Art und Weise, wie Menschen mit Zeit und Ihrem Leben umgehen. Diese Lebenskunst ist elementarer Bestandteil jeder Persönlichkeit und gleichsam die Grundlage aller persönlichen und unternehmerischen Erfolgsstrategien.